Gramática en diálogo

María de los Ángeles Palomino

PRESENTACIÓN

Esta obra tiene como objetivo presentar, de forma práctica y motivadora, las nociones gramaticales básicas del español, integrándolas en contextos reales de la comunicación en los cuatro ámbitos que recomienda el Marco común europeo de referencia, el personal, social, profesional y académico.

Además de en la clase, se puede utilizar para reforzar el aprendizaje autónomo, ya que se incluyen las soluciones de las actividades de evaluación. Además, los diálogos que dan entrada a las unidades se encuentran en el CD de audio que acompaña al libro.

La gramática en diálogo se articula de la siguiente forma:
– Se presentan las nociones gramaticales en contextos reales, integrados en la comunicación habitual. Cada unidad se divide en cuatro páginas.
– En la primera se presenta el tema gramatical en contexto mediante un diálogo y un estímulo visual.
– En la segunda se encuentra la explicación y en las dos últimas se proponen variados ejercicios para poner en práctica los conocimientos adquiridos.
– Incluye al final del libro un solucionario.

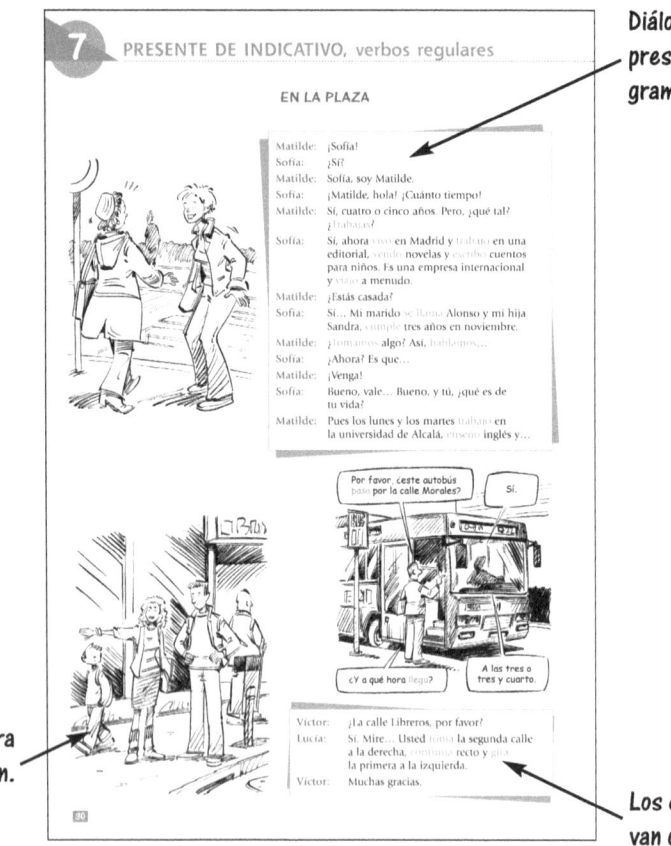

Diálogos grabados para presentar las estructuras gramaticales «en contexto».

Soporte visual para facilitar la comprensión.

Los elementos estudiados van destacados en claro.

Dirección editorial: Raquel Varela
Coordinación editorial: Brigitte Faucard
Revisión: Cándido Tejerina Martín

Ilustración: Jaume Bosch
Diseño de cubierta: DC Visual
Diseño y ejecución de maqueta: ATyPE

© enClave-ELE, 2014 - ISBN: 978-84-15299-68-4
Impreso en España

Depósito legal: M-29747-2014

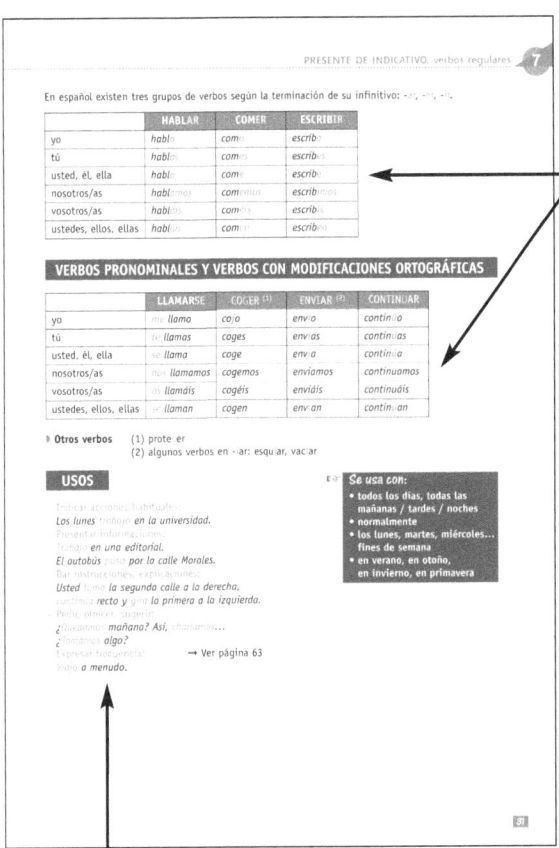

Cuadros de gramática: recogen los temas introducidos en los diálogos.

Presentación de las reglas gramaticales básicas, formuladas en un lenguaje sencillo.

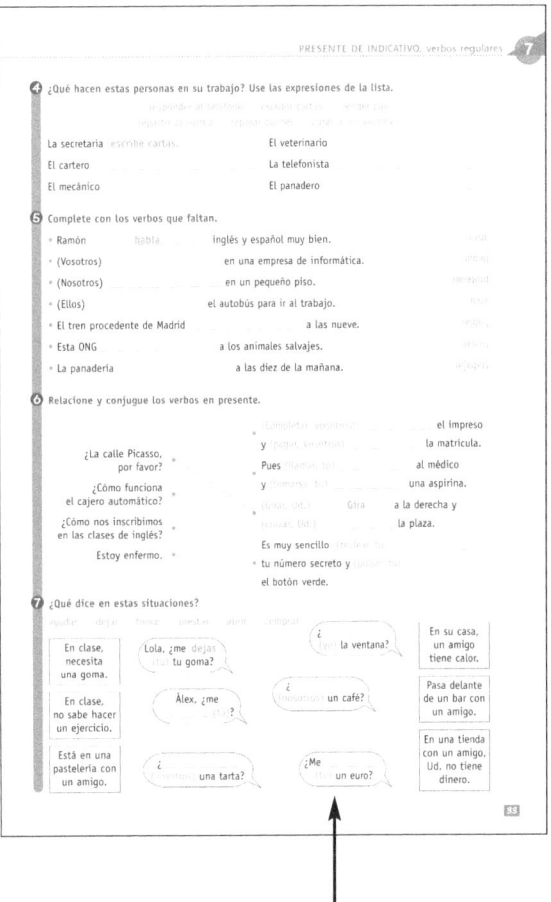

Gran variedad de ejercicios prácticos de aplicación graduados de menor a mayor dificultad.

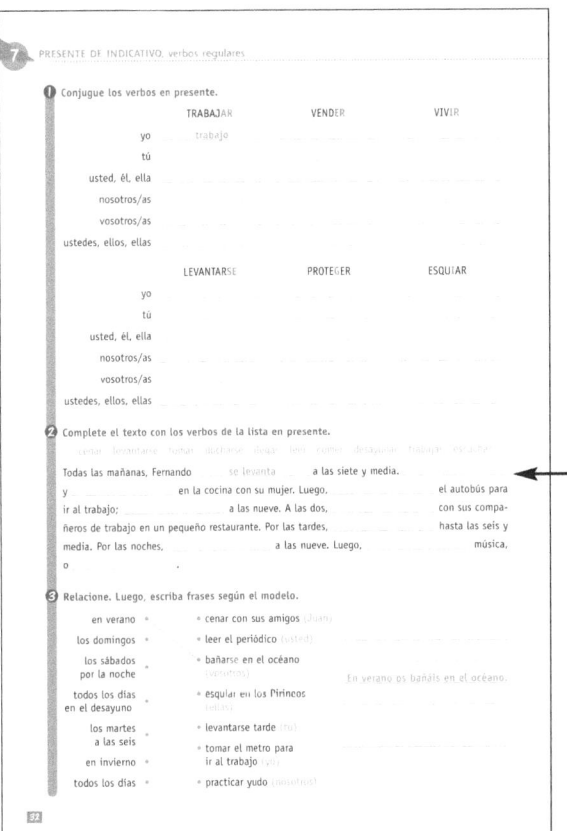

ÍNDICE

- **Capítulo 1**   EL ALFABETO 6
  Haciendo crucigramas

- **Capítulo 2**   EL ACENTO 10
  ¿Pedimos una pizza?

- **Capítulo 3**   LOS ARTÍCULOS DETERMINADOS E INDETERMINADOS 14
  En la empresa

- **Capítulo 4**   EL NOMBRE, GÉNERO Y NÚMERO 18
  En la tienda de ropa

- **Capítulo 5**   SER y ESTAR en presente de indicativo 22
  En una fiesta

- **Capítulo 6**   LOS NUMERALES: ordinales y cardinales 26
  En la agencia de viajes

- **Capítulo 7**   PRESENTE DE INDICATIVO, verbos regulares 30
  En la plaza

- **Capítulo 8**   QUERER y PODER en presente de indicativo 34
  En el número 4 de la calle Molinos

- **Capítulo 9**   PRESENTE DE INDICATIVO, verbos irregulares (1) 38
  En la biblioteca de la universidad

- **Capítulo 10**   PRESENTE DE INDICATIVO, verbos irregulares (2) 42
  En la estación

- **Capítulo 11**   GUSTAR, ENCANTAR, INTERESAR 46
  Comentando la visita a la ciudad

- **Capítulo 12**   IR A + infinitivo 50
  En la terraza de un café

- **Capítulo 13**   ESTAR + gerundio 54
  En la playa

- **Capítulo 14**   Expresar obligación y necesidad, HAY QUE / TENER QUE + infinitivo .. 58
  Para tener una cuenta de correo electrónico

- **Capítulo 15**   EXPRESAR FRECUENCIA 62
  Una encuesta

- **Capítulo 16** LOS INTERROGATIVOS 66
  En la calle

- **Capítulo 17** LOS ADJETIVOS, género y número 70
  Al salir del cine

- **Capítulo 18** ADJETIVOS con SER y ESTAR 74
  En el restaurante

- **Capítulo 19** LOS COMPARATIVOS 78
  En la agencia inmobiliaria

- **Capítulo 20** LOS POSESIVOS, adjetivos y pronombres 82
  En la recepción del hotel

- **Capítulo 21** LOS DEMOSTRATIVOS, adjetivos y pronombres 86
  En la academia de idiomas

- **Capítulo 22** LOS PRONOMBRES PERSONALES COMPLEMENTO 90
  Llamando a una empresa

- **Capítulo 23** LA FORMA NEGATIVA 94
  Al teléfono

- **Capítulo 24** PREPOSICIONES DE LUGAR – Oposición ESTÁ(N) / HAY 98
  La mudanza

- **Capítulo 25** EXPRESAR CANTIDAD 102
  Enseñando el nuevo piso

- **Capítulo 26** EL IMPERATIVO AFIRMATIVO 106
  Mensajes en el contestador

- **Capítulo 27** IMPERATIVO AFIRMATIVO, uso con pronombres personales 110
  En la cocina

- **Capítulo 28** EL PRETÉRITO PERFECTO 114
  ¡Sorpresa!

- **Capítulo 29** EL PRETÉRITO INDEFINIDO, verbos regulares 118
  Concurso

- **Capítulo 30** EL PRETÉRITO INDEFINIDO, verbos irrregulares 122
  ¿Qué tal el fin de semana?

SOLUCIONES 126

1 EL ALFABETO

HACIENDO CRUCIGRAMAS

Jaime: A ver… siete letras, pintor español, empieza por eme, u.
Laura: Murillo.
Jaime: Diez letras, empieza por G: ONG ecologista.
Laura: Eh… Greenpeace.
Jaime: Se escribe ge, erre, e, e, ¿no?
Laura: Sí, ge, erre, e, e, ene, pe, e, a, ce, e.
Jaime: Siete letras: escritor español.
Laura: Eh… Delibes.
Jaime: De, e, ele, no, no es Delibes. La tercera letra es una e.
Carmen: Quevedo.
Jaime: Cu, u, e, uve, e, de, o. Sí.
Empieza por ce: país hispanoamericano, cuatro letras.
Carmen: Cuba.
Jaime: Capital de Eslovaquia.
Laura: ¿Cuántas letras?
Jaime: A ver… diez.
Laura: No sé.
Carmen: Busco en el diccionario.
[…]
Bratislava.
Jaime: ¿Cómo se escribe?
Carmen: Be, erre, a, te, i, ese, ele, a, uve, a.
Jaime: Y la última, muy, muy fácil, país de la Unión Europea, la quinta letra es una eñe.
Carmen, Laura: ¡España!

EL ALFABETO

LETRA	NOMBRE	EJEMPLOS
A, a	a	Alemania
B, b	be	Brasil
C, c	ce	Croacia, Ceuta, Canadá
D, d	de	Dinamarca
E, e	e	Estonia
F, f	efe	Finlandia
G, g	ge	Málaga, Girona
H, h	hache	Honduras
I, i	i	Irlanda
J, j	jota	Jordania
K, k	ka	Tokio
L, l	ele	Londres
M, m	eme	Manila

LETRA	NOMBRE	EJEMPLOS
N, n	ene	Noruega
Ñ, ñ	eñe	España
O, o	o	Oslo
P, p	pe	Perú
Q, q	cu	Paquistán
R, r	erre	Rusia, Andorra, Israel, Brasil, Ecuador
S, s	ese	Salamanca
T, t	te	Toledo
U, u	u	Uruguay
V, v	uve	Venezuela
W, w	uve doble	Washington
X, x	equis	Luxemburgo
Y, y	ye	Paraguay, Yucatán
Z, z	zeta	Zaragoza

Las letras son femeninas: *la a, la be, la c...*
- Las vocales: *a, e, i, o, u.*
- Las consonantes: *b, d, c, f, g, h, j...*
- La **b** y la **v** se pronuncian igual.
- La **z** se pronuncia como la **s** en Hispanoamérica, Canarias y Andalucía.
- **y** + vocal y **ll** se pronuncian igual: Yucatán, Guyana, Melilla
- Sonido /k/
  - **c** + consonante
  - **c** + a, o, u
  - **qu** + e, i

  Victoria, clase, Ucrania,
  Calcuta, Corea
  Quito, Antequera

- Sonido /T/
  - **c** + e, i
  - **z** + a, o, u
  - **z** final

  Francia, Cerdeña
  Zamora, zoo, zumo
  Santa Cruz, Badajoz

- Sonido /g/
  - **g** + l, r, a, o, u
  - **gu** + e, i

  globo, Granada, Galicia
  La Gomera, Guatemala
  Guernica, Guinea

- Sonido /x/
  - **g** + e, i
  - **j** + a, e, i, o, u

  Girona, Argelia
  Jaén, Jerez, jirafa, José, junio

- Sonido fuerte /r̄/
  - **r** inicial
  - **rr**
  - l, n, s + **r**

  Roma, Rusia
  Marruecos, Navarra
  alrededor, Enrique, Israel

- débil /r/
  - **r** en otra posición

  Madrid, Argelia, París, Teruel, El Salvador

1 EL ALFABETO

1. Coloree estas casillas. ¿Qué lee?

a   ce   de   ge   hache   jota   eme   eñe   pe   cu   erre   te   uve   equis   ye   zeta

2. a. Relacione.

Ge, o, ye, a. • • Allende ____
Be, a, ene, de, e, erre, a, ese. • • Buñuel ____
A, elle, e, ene, de, e. • • Goya __3__
I, ge, ele, e, ese, i, a, ese. • • Iglesias ____
Be, u, eñe, u, e, ele. • • Juan Carlos ____
Jota, u, a, ene. Ce, a, erre, ele, o, ese. • • Banderas ____

b. ¿Sabe qué eran o son estos personajes?
Escriba los números.

1. un actor   2. una escritora   3. un pintor   4. un director de cine   5. un rey   6. un cantante

3. a. Lea estas letras dos veces.   b. Ahora, rodee las palabras deletreadas, de memoria.

1. Hache, e, erre, ene, a, ene, de, e zeta.   (Hernández)   Fernández
2. Jota, u, ene, i, o.   julio   junio
3. Ce, o, erre, erre, e, erre.   comer   correr
4. Ce, a, zeta, a.   casa   caza
5. Be, o, elle, o.   pollo   bollo

4. a. Escriba.
b. Indique el número correspondiente a cada palabra en la ilustración de la página 6.

1. Eme, e, ese, a.   ____mesa____   ____6____
2. Uve, e, ene, te, a, ene, a.   _____   _____
3. Ce, o, erre, te, i, ene, a.   _____   _____
4. A, ele, efe, o, eme, be, erre, a.   _____   _____
5. Ese, i, elle, a.   _____   _____
6. Pe, u, e, erre, te, a.   _____   _____

EL ALFABETO

5 Con las letras que no están, escriba el nombre de un país hispanoamericano.

I Z C z P Y K J B
Ñ E L T V Q F G M X

---

6 Clasifique estos nombres de ciudades españolas e hispanoamericanas según el sonido (letras grises).

Salamanca   Zacatecas   Caracas   Unquera   Bogotá   Zaragoza
Tegucigalpa   Jerez   Vigo   Veracruz   Quintana   Málaga   Arequipa   Cartagena
Cáceres   Girona   Durango   Valencia   Jaén   La Paz   Gijón   Managua

/k/	/T/	/g/	/x/
Salamanca			

7 Complete los nombres de estos países con las dos letras que tienen en común.

GUATE**M**AL**A**
COLO**M** BI**A**
M ARRUECOS

B__ AS__ L
F__ ANC__ A
A__ GEL__ A

A__ GE__ IA
BU__ GA__ IA
AUST__ A__ IA

PA__ A__ Á
ALE__ A__ IA
DI__ A__ ARCA

__ET__ NIA
C__ __OMBIA
P__ __ONIA

GRE__ I__
__AN__ DÁ
U__ RANI__

NOR__ E__ A
H__ N__ RÍA
PORT__ __ AL

EG__ P__ O
I__ AL__ A
ES__ ADOS UN__ DOS

I__ LA__ DA
A__ GENTI__ A
__ICA__ AGUA

8 Escriba tres palabras que tengan las siguientes letras.

- o - a   amigo _____
- r - o   comer _____
- e - n   cuaderno _____

2 EL ACENTO

¿PEDIMOS UNA PIZZA?

Óscar:	Tengo hambre.
Verónica:	Y yo.
José:	¿Preparo unos pinchos de chorizo y jamón?
Verónica:	No, pinchos no.
José:	¿Pido una pizza?
Verónica:	¡Vale!
José:	Pues voy a llamar a Pizzabuena. ¿Pido una Real? Está muy buena. Es la especialidad de la casa, lleva tomate natural, atún, espárragos, aceitunas, cebolla y queso.
Verónica:	Perfecto.
Empleada:	Pizzabuena, buenas noches.
José:	Buenas noches, quiero pedir una pizza Real para tres personas.
Empleada:	Muy bien, ¿su nombre y su dirección, por favor?
José:	José Rodríguez, calle del Carmen, número ocho, tercero derecha.
Empleada:	¿Teléfono?
José:	91 440 58 63.
Empleada:	Muchas gracias. Adiós.
José:	Adiós. Chicos, ¡ya viene la pizza!
Óscar:	Pongo la mesa.
José:	Y yo, voy a abrir una botella de Rioja.

EL ACENTO

En todas las palabras de más de una sílaba, una de las sílabas se pronuncia más fuerte que las demás; se llama sílaba tónica.

PALABRAS ACENTUADAS EN LA ÚLTIMA SÍLABA

▶ **Se llaman** palabras agudas.

– Si terminan en **consonante** (excepto n/s), no llevan tilde.
 llamar, favor
 especialidad
 natural

– Si terminan en **vocal**, **n** o **s**, llevan tilde.
 José
 está
 jamón, atún
 adiós

PALABRAS ACENTUADAS EN LA PENÚLTIMA SÍLABA

▶ **Se llaman** palabras llanas.

– Si terminan en **vocal**, **n** o **s**, no llevan tilde.
 pizza, botella, derecha
 tengo, chorizo, tercero
 hambre, nombre, tomate
 pinchos, chicos, muchas
 Carmen

– Si terminan en **consonante** (excepto n/s), llevan tilde.
 Rodríguez
 Óscar
 fácil

PALABRAS ACENTUADAS EN LA ANTEPENÚLTIMA SÍLABA

▶ **Se llaman** palabras esdrújulas.

– Todas llevan tilde.
 Verónica
 teléfono
 número
 espárragos

2. EL ACENTO

1. Rodee la sílaba tónica.

Palabras agudas

na**riz**   nacionalidad   español   cantar
Badajoz   escribir   Madrid   Brasil

Palabras llanas

deporte   joven   amigos   examen
chicos   primavera   biquini   tenis

Palabras esdrújulas

música   informática   teléfono   gramática
Atlántico   rápido   último   pájaro

2. Escriba las tildes necesarias.

Agudas		Llanas		Esdrújulas	
autobús	cafe	arbol	sombrero	sabado	tecnica
usted	azul	azucar	cantan	America	ecologico
Peru	hablar	futbol	escribes	silaba	medico
postal	Canada	coche	martes	unico	pagina
veintitres	calidad	profesora	baloncesto	platano	espectaculo
esqui	monopatin	automovil	dificil	septimo	proximo
detras	ordenador	caracter	sillas	boligrafo	tonica
actriz	hospital	apellido	poster	maquina	mayuscula

3. Clasifique las palabras en los recuadros correspondientes.

papel   micrófono   libro   lápiz   líquido   inglés   Málaga   comen   española   González   melocotón   Córdoba   champú   biblioteca   tijeras   plural   simpático   estúpido   esperar   hablas   léxico   Navidad   rotulador   frágil   México   kilómetro   ayer

Agudas	papel,
Llanas	
Esdrújulas	

EL ACENTO 2

4 Observe la ilustración de la página 10 y escriba los números correspondientes.
Observe la sílaba fuerte (letras grises), ponga las tildes necesarias y relacione.

_3_	sofa	sofá •	
___	sillon	_____ •	• **AGUDAS**
___	movil	_____ •	
___	televisor	_____ •	
___	lampara	_____ •	• **LLANAS**
___	alfombra	_____ •	
___	libros	_____ •	
___	reloj	_____ •	• **ESDRÚJULAS**
___	pared	_____ •	

5 Escriba las palabras correspondientes a estas definiciones.

- Capital de Colombia. — Bogotá

AGUDAS
- Capital de Francia.
- País hispanoamericano (capital: Lima).
- Línea imaginaria y país hispanoamericano.

LLANAS
- Capital de Italia.
- Capital del Reino Unido.
- País situado al nordeste de Argelia.
- Capital de Noruega.

ESDRÚJULAS
- Continente situado al sur de España.
- Baña las costas de Portugal.
- País hispanoamericano de Norteamérica.
- Dos líneas imaginarias (de Cáncer y de Capricornio).

6 Complete las listas. Use un diccionario.

cocinar	cenar	_ga_ nar	_____ nar
universidad	nacionalidad	_____ dad	_____ dad
apartamento	momento	_____ mento	_____ mento
carretera	cafetera	_____ tera	_____ tera
acuático	automático	_____ ático	_____ ático
ecológico	tecnológico	_____ ógico	_____ ógico

ganar imaginar terminar actividad enfermedad climático cantidad simpático diplomático pegamento monumento instrumento portera cartera pantera biológico pedagógico lógico

3 LOS ARTÍCULOS determinados e indeterminados

EN LA EMPRESA

Son las diez **menos cuarto**. El señor Paz llama a la empresa Viatex-Publi.

Telefonista:	Viatex-Publi, buenos días.
Señor Paz:	Buenos días, con el señor Montero, por favor.
Telefonista:	¿De parte de quién, por favor?
Señor Paz:	Del señor Paz.

Ricardo:	¿Vamos al cine de la calle Cervantes a ver la última película **de Amenábar** el sábado por la noche?
Lola:	¿Por la noche? **Mejor** por la tarde, ¿no? Los sábados por la noche siempre hay mucha gente y no quiero acostarme tarde.
Ricardo:	Bueno, vale. Y luego vamos a la cafetería Pinchos cerca del cine a tomar un café y unas tapas; también van a ir Pedro y Alfonso.
Lola:	¿Pedro y Alfonso? ¡Pues luego vamos a bailar a una discoteca!
Ricardo:	¿Pero no quieres acostarte pronto?
Lola:	No… no… Bueno, ¿dónde quedamos?
Ricardo:	¿Qué tal en la Plaza Mayor a las tres?
Lola:	Vale. Bueno, te dejo, a las diez tengo una reunión con el director comercial. Oye, ¿seguro que también van Pedro y Alfonso?
Ricardo:	Que sí…

¿Cuándo llega el nuevo director?

El 14 de marzo.

LOS ARTÍCULOS determinados e indeterminados

ARTÍCULOS DETERMINADOS

	MASCULINO	FEMENINO
SINGULAR	el amigo	la amiga
PLURAL	los amigos	las amigas

Ante los **nombres femeninos** que empiezan por **á, a** o **ha tónicas**, se usa **el** en lugar de **la**.
El agua, el aula, el hacha.
➡ **Excepciones** *la a, la hache*

CONTRACCIONES
a + el > al   de + el > del
Vamos al cine.   *Cerca del cine.*

▶ Usos

– Hablar de personas, lugares o cosas concretas.
  El ordenador de la telefonista está sobre su mesa.
  Vamos a la cafetería Pinchos.
  ¿Cuándo llega el nuevo director?
– Decir la hora, indicar horas.
  Son las diez menos cuarto. ¿Qué tal a las tres?
– Decir fechas y días (de un acontecimiento concreto).
  El nuevo director llega el 14 de marzo.
  ➡ *Hoy es lunes dos de marzo. Estamos a dos de marzo.*
– Con **calles, monumentos... + nombre**.
  La Plaza Mayor. El Museo del Prado. La calle Cervantes.
– Con *señor/señora/señorita* + **apellido**.
  Con el señor Montero, por favor.
  ➡ Excepción: **para saludar**.
  Buenos días, señor Montero.
– Con los nombres de los días de la semana.
  En singular, para indicar un día determinado:
  ¿Vamos al cine el sábado? (= el sábado próximo)
  En plural, para indicar periodicidad:
  Los sábados hay mucha gente. (= Todos los sábados)

▶ Omisión

Con los nombres de países.
Visite España.

Expresiones
Situar en las partes del día:
por la mañana, por la tarde, por la noche
Situar en el espacio:
a la derecha, a la izquierda

Ver la tele, escuchar la radio
Jugar al fútbol, jugar a las cartas...
Tocar la guitarra, tocar el piano

☞ **Se puede decir**
Estados Unidos	los Estados Unidos
Reino Unido	el Reino Unido
China	la China
Japón	el Japón
Perú	el Perú

ARTÍCULOS INDETERMINADOS

	MASCULINO	FEMENINO
SINGULAR	un amigo	una amiga
PLURAL	unos amigos	unas amigas

▶ Usos

– Hablar de personas, lugares o cosas que no se conocen o no se han mencionado anteriormente.
  Vamos a una discoteca.
  Tengo una reunión.
– Con **hay**, para indicar la existencia.
  Sobre la mesa de la telefonista hay un ordenador.

3 LOS ARTÍCULOS determinados e indeterminados

1 **a. Transforme las frases según los modelos.**

Voy a visitar un museo.	→ museo Reina Sofía	Voy a visitar el museo Reina Sofía.
Vivo en una pequeña calle.	→ calle Sevilla	Vivo en la calle Sevilla.
Trabajo en un taller.	→ taller Larrueda	
Como en un restaurante.	→ restaurante Chuletón	
Leo un libro.	→ último libro de Cela	
Veo una película.	→ última película de Banderas	
¿Comemos en una cafetería?	→ cafetería El bocata	

b. Complete con los artículos determinados o indeterminados.

1. Ramón trabaja en _una_ farmacia.
2. _____ autobuses 3 y 2 van a Alcalá.
3. _____ empresa de Raúl se llama Clavex.
4. He visto _____ película muy interesante.
5. Voy al cine con _____ amiga.
6. Compro pan en _____ panadería La espiga.
7. ¿Cuál es _____ número de teléfono de Andrés?
8. Victoria llama por teléfono a _____ amigo.
9. Beatriz es _____ secretaria del director.
10. Julia vive en _____ plaza Monteros.

2 Escriba los artículos determinados necesarios.

- ¿Es usted _el_ señor Romero?
- _____ señora Díaz es simpática.
- ¿Conoces a _____ señorita López?
- ¿Dónde está _____ señora Casado?
- Buenos días, _____ señora Varela.
- ¿Quién es _____ señor Morales?
- Hola _____ señor Cobos.
- Hasta luego _____ señor Paz.

3 ¿Qué hora es?

Son las siete menos cuarto.   _____   _____   _____

LOS ARTÍCULOS determinados e indeterminados — 3

④ Conteste según el modelo.

|¿De dónde viene? | ¿Dónde está? | ¿Adónde va?|

la farmacia • la estación • el banco → Vengo de la farmacia, estoy en la estación y voy al banco.

_____ ← el gimnasio • la librería • el bar

la panadería • la calle • el instituto → _____

_____ ← el parque • la playa • el museo

la calle Ríos • el gimnasio • el cine → _____

⑤ Escriba los artículos determinados necesarios y las fechas en letras.

- Mi cumpleaños es __el__ 13/05 __trece de mayo__
- Estamos a _____ 22/08 _____
- Voy a Londres _____ 30/10 _____
- Mañana es _____ 18/02 _____

⑥ Forme frases según los modelos.

Día concreto	Acción habitual
• martes / ir a casa de Luis	• sábados / comer con Juan
El martes voy a casa de Luis.	Los sábados como con Juan.
• miércoles / tener una reunión	• viernes / ir al cine
_____	_____
• lunes / ir a Francia	• jueves / jugar al tenis
_____	_____

⑦ Complete la conversación con los artículos necesarios.

JORGE: ¿Qué haces normalmente __los__ sábados?

NURIA: Pues, por _____ mañana, me levanto a _____ nueve y media, escucho _____ radio y voy _____ gimnasio.

JORGE: ¿A qué hora comes?

NURIA: A _____ dos, en _____ restaurante de _____ amigo; está en _____ calle Colón. Por _____ tarde, veo _____ tele y juego _____ tenis con _____ compañera de trabajo de _____ cuatro a _____ cinco y media.

JORGE: ¿Y por _____ noche?

NURIA: Voy _____ cine con _____ amigas. Luego comemos en _____ cafetería y vamos _____ Café Luna para escuchar a mi amigo Lucas; toca _____ piano.

4 EL NOMBRE, género y número

EN LA TIENDA DE ROPA

La dependienta:	¡Buenos días! ¿Qué desea?
La clienta:	Un jersey, por favor, de la talla 42.
La dependienta:	¿De qué color? ¿Azul, marrón?
La clienta:	Azul, no me gusta el marrón.
La dependienta:	Mire, tenemos este modelo, la calidad es excelente.
La clienta:	Me gusta. ¿Dónde está el probador?
La dependienta:	Está ahí, al fondo.

Bea y su marido Arturo van a Candanchú, una estación de esquí de los Pirineos. Bea necesita una cazadora.

Bea:	Mira… las cazadoras.
Arturo:	Espera… voy un momento a la sección de caballeros.
Bea:	¿Para qué?
Arturo:	Necesito unos guantes, un gorro y unos calcetines de lana, para esquiar; un traje y unos zapatos, para salir por la noche al restaurante…
Bea:	Oye, ¡hemos venido a comprar un jersey para mí!
Arturo:	¡Vale, vale!

El cliente:	Por favor, busco una chaqueta azul y un cinturón de piel.
La dependienta:	Sí, mire, ahí, al lado de los pantalones.

EL NOMBRE, género y número

NOMBRES MASCULINOS

- Nombres en -o: *el vestido*
  ➡ Excepciones: *la mano, la foto(grafía), la moto(cicleta)...*
- Nombres en -or / -ín / -ón (excepto -ción / -sión / -zón): *el probador, el calcetín, el pantalón*
  ➡ Excepciones: *la flor, la coliflor*
- Nombres en -aje: *el viaje*
- Nombres de montañas, océanos, mares y ríos:
  los Alpes, el Teide, el Pacífico, el Mediterráneo, el Ebro

☞ Las palabras en **-e** pueden ser masculinas o femeninas:
el cine, la noche

☞ Tienen la misma forma en masculino y femenino:
- Los nombres en **-ista**: *el/la periodista*
- Casi todos los nombres en **-nte**: *el/la estudiante*
➡ **Excepciones:**
el dependiente → la dependienta,
el cliente → la cliente o la clienta

NOMBRES FEMENINOS

- Nombres en -a: *la talla, la falda*
  ➡ Excepciones:
    - Nombres referidos a personas de sexo masculino: *el policía*
    - Nombres de los colores: *el naranja, el violeta, el rosa*
    - Otras palabras: *el día, el planeta, el mapa, el pijama, el sofá, el problema, el clima*
- Nombres en -dad, -tad y -tud: *la ciudad, la amistad, la juventud*
- Nombres en -ción, -sión y -zón: *la estación, la discusión, la razón*
  ➡ Excepciones: *el corazón, el buzón, el tazón*
- Letras: *la a, la b, la c...*

FORMACIÓN DEL FEMENINO

MASCULINO	FEMENINO
Nombres en -o *el chico*	-o → -a *la chica*
Nombres en consonante *el profesor*	+ -a *la profesora*

☞ Si la última sílaba lleva **tilde**, esta desaparece en femenino:
el león → la leona

el hombre → la mujer *el marido → la mujer* *el rey → la reina*
el padre → la madre *el yerno → la nuera* *el actor → la actriz*

FORMACIÓN DEL PLURAL

SINGULAR	PLURAL
Nombres en vocal *el zapato, la falda, el guante*	+ -s *los zapatos, las faldas, los guantes*

Nombres en consonante (excepto z) o en -í
el probador,
la ciudad,
el maniquí
	+ -es: *los probadores, las ciudades, los maniquíes*
	• Si la última sílaba lleva **tilde**, esta desaparece en plural:
	  la sección → las secciones
	• Si la palabra termina en **-en**, en plural lleva tilde:
	  el examen → los exámenes

Nombres en -z: *el albornoz*	-z → -ces: *los albornoces*
Nombres en -s: *el paraguas*	invariables: *los paraguas* ➡ Excepciones: *mes → meses, país → países, autobús → autobuses*

4. EL NOMBRE, género y número

1) Observe la terminación de las siguientes palabras y escriba si son masculinas (M) o femeninas (F).

_M_ océano	____ cabeza	____ facilidad	____ televisión
____ dolor	____ canción	____ casa	____ director
____ gimnasia	____ niño	____ bailarín	____ página
____ libro	____ admiración	____ jamón	____ solución
____ publicidad	____ peaje	____ longitud	____ ejercicio
____ equipo	____ traje	____ libertad	____ dificultad
____ error	____ acción	____ calidad	____ verbo
____ conclusión	____ congelador	____ conjugación	____ amiga
____ cantidad	____ garaje	____ pantalón	____ bolígrafo
____ comedor	____ cajón	____ personaje	____ civilización
____ comunicación	____ facultad	____ fin	____ rotulador
____ edad	____ calcetín	____ viaje	____ cojín

2) ¿Conoce el género de las siguientes palabras en -e? Copie las palabras en la columna correspondiente y compruebe sus respuestas en un diccionario.

hombre   noche   coche   nombre   tele   calle   padre   madre   restaurante
puente   clase   elefante   pie   nieve   diente   tomate   leche   presente   tarde
pasaporte   torre   deporte   albaricoque   carne   chocolate   aceite   bigote   gripe

MASCULINAS	FEMENINAS
hombre,	noche,

3) ¿Es usted bueno en geografía? Marque con una ✗ la casilla correcta.

	mar	océano	río	montaña	volcán
• el Everest	☐	☐	☐	✗	☐
• el Pacífico	☐	☐	☐	☐	☐
• el Canal de la Mancha	☐	☐	☐	☐	☐
• el Teide	☐	☐	☐	☐	☐
• los Alpes	☐	☐	☐	☐	☐
• el Mediterráneo	☐	☐	☐	☐	☐
• el Guadalquivir	☐	☐	☐	☐	☐
• el Etna	☐	☐	☐	☐	☐
• el Ártico	☐	☐	☐	☐	☐
• el Amazonas	☐	☐	☐	☐	☐
• el Caribe	☐	☐	☐	☐	☐
• el Himalaya	☐	☐	☐	☐	☐

EL NOMBRE, género y número

4) Escriba los femeninos.

el camarero → la camarera

el panadero → _____

el amigo → _____

el director → _____

el vendedor → _____

el chaval → _____

el campeón → _____

el bailarín → _____

el león → _____

el periodista → _____

el turista → _____

el futbolista → _____

el cantante → _____

el adolescente → _____

el estudiante → _____

5) Localice las palabras y complete las frases con las palabras en plural.

	1	2	3	4	5	6
a	sillón	estación de metro	pastel	león	lápiz	kiwi
b	hospital	libro	pimiento	reloj	delfín	tigre
c	estuche	coliflor	hotel	colegio	cocodrilo	naranja
d	parque	melón	bolígrafo	elefante	archivador	mesa

• Sobre la mesa hay dos b/2 __libros__, cuatro a/5 _____, dos c/1 _____, tres d/3 _____ y dos d/5 _____.

• En el salón hay cuatro a/1 _____, dos b/4 _____ y dos d/6 _____ pequeñas.

• En la nevera hay dos a/3 _____, cuatro d/2 _____, cinco c/6 _____, dos c/2 _____, cuatro b/3 _____ y cinco a/6 _____.

• En mi barrio hay dos b/1 _____, tres c/4 _____, dos a/2 _____, dos d/1 _____ y dos c/3 _____.

• En el zoo hay dos a/4 _____, tres b/5 _____, dos b/6 _____, dos d/4 _____ y cinco c/5 _____.

6) Escriba los plurales.

el lunes → los lunes

el jueves → _____

el autobús → _____

el sacapuntas → _____

el mes → _____

el país → _____

5 SER Y ESTAR en presente de indicativo

EN UNA FIESTA

Hoy es sábado, 22 de octubre; Raúl cumple 24 años. Son las diez de la noche; llega su amigo Alberto.

Raúl: Hola Alberto, pasa, pasa.
Alberto: ¡Felicidades! Toma, es para ti.
Raúl: ¿Qué es?
 ¡Un billetero, qué bonito!
Alberto: Es de piel.
Raúl: ¡Muchas gracias!

Tengo sed.

Yo también. Mira, la sangría está sobre la mesa. ¿Tomamos una copa?

Julia: Oye, ¿quién es la chica rubia que está al lado de Pedro?
Patricia: Es Nathalie, es una prima de Raúl.
Julia: ¿Y de dónde es?
Patricia: Es francesa, creo que es de París.
Julia: ¿Y a qué se dedica?
Patricia: Es profesora de inglés.
Julia: ¿Y está casada?
Patricia: No, creo que no. ¡Venga, a bailar!

SER y ESTAR en presente de indicativo

	SER	ESTAR
yo	soy	estoy
tú	eres	estás
usted, él, ella	es	está
nosotros/as	somos	estamos
vosotros/as	sois	estáis
ustedes, ellos, ellas	son	están

USOS DE SER

- Identificar personas y objetos:
  ¿Quién es **la chica al lado de Pedro**?
  Es Nathalie, *es una prima* **de Raúl**.
  ¿Qué es?
  Es un **billetero**.
- Origen y nacionalidad:
  ¿De dónde es **Nathalie**?
  Es francesa.
  Es de París.
- Destino:
  ¿Para quién es **el billetero**?
  Es para **Raúl**.
- Profesión:
  ¿A qué se dedica Nathalie?
  Es profesora **de inglés**.
- Material:
  ¿De qué es **el billetero**?
  El billetero *es de piel*.
- La hora:
  ¿Qué hora es?
  Son las diez **de la noche**.
- Pertenencia:
  ¿De quién es **el piso**?
  El piso *es de los padres* **de Raúl**.
- Fechas (en tercera persona del singular):
  ¿Qué día es?
  Hoy es sábado, **22 de octubre**.

USOS DE ESTAR

- Localizar en el espacio:
  Los amigos de Raúl *están en el salón*.
  La sangría *está sobre la mesa*.
- Localizar en el tiempo: (siempre en la forma *nosotros*)
  Estamos en otoño.
  Estamos en el siglo XXI.
- Estado civil:
  Nathalie *no está casada*.
  Raúl *está soltero*.
- Posición:
  Julia y Patricia *están sentadas* **en el sofá**.
  Nathalie *está de pie*.
- Fechas (con la preposición *a* y en la forma *nosotros*):
  ¿A qué día estamos?
  Hoy estamos a sábado, **22 de octubre**.

5 SER y ESTAR en presente de indicativo

1 Escriba el número de la respuesta.

CON SER	1. Son de piel. 2. Es taxista. 3. Es del profesor. 4. No, soy italiano. 5. Es para mi hermano. 6. Soy de Bilbao. 7. Es jueves. 8. Son las once. 9. Es el novio de Blanca. 10. No, es portugués.

a. ¿Qué día es? _7_
b. ¿Qué hora es? ___
c. ¿Mario es español? ___
d. ¿Para quién es este CD? ___
e. ¿De quién es este diccionario? ___

f. ¿Quién es el chico rubio? ___
g. ¿A qué se dedica José? ___
h. ¿De qué son estos zapatos? ___
i. ¿Eres español? ___
j. ¿De dónde es usted? ___

1. Está tumbado en el sofá del salón. 2. A miércoles, 2 de junio. 3. Están sobre la mesa. 4. Hace frío, estamos en invierno. 5. No, está soltera. 6. Estamos en febrero.	CON ESTAR

a. ¿Tu hermana está casada? _5_
b. ¿Y el abuelo? ___
c. ¿Dónde están los libros? ___

d. ¿Qué tiempo hace hoy? ___
e. ¿A qué día estamos? ___
f. ¿En qué mes estamos? ___

2 Complete con ser o con estar.

1. ¿Qué hora __es__? — _____ las dos.
2. Elena _____ la hermana de Juan.
3. Mi vestido negro _____ de lana.
4. ¿De quién _____ este móvil?
5. Julio _____ vendedor de coches.
6. Hoy _____ viernes, 20 de mayo, _____ en primavera.
7. El gato _____ sentado en el sillón.
8. Estas postales _____ para mi madre.
9. Las islas Canarias _____ en el océano Atlántico.
10. ¿A qué día _____ hoy?
11. ¿Tu hermano Luis _____ soltero? — No, _____ separado.
12. Mi amigo José _____ colombiano, _____ de Bogotá.

3 Forme 10 frases con un elemento de cada columna.

Antonio
Mi camiseta
Alicia
Mis padres
Hoy

está
estamos
son
es

sentado en el sillón.
a jueves.
una amiga de Juan.
de licra.
mexicanos.
tumbado en la cama.
de algodón.
a sábado.
españoles.
mi prima.

24

SER y ESTAR en presente de indicativo

1. Antonio está tumbado en la cama.
2. Antonio está sentado en el sillón.
3. ___
4. ___
5. ___
6. ___
7. ___
8. ___
9. ___
10. ___

4) Forme frases según el modelo y usando ser o estar.

1. Luis / español — Luis es español.
2. El bolso / de piel ___
3. Julio / sentado ___
4. Lola / la prima de Lucas ___
5. Hoy / jueves ___
6. Félix / soltero ___
7. Este libro / para Juan ___
8. Jean / de París ___
9. El CD / sobre la mesa ___
10. Marta / enfermera ___

5) Describa a estos personajes según el modelo.

¿QUIÉN ES?

1. • Pedro Morales, un primo de Juanjo
   • Español, Sevilla
   • Médico
   • Soltero

   1. Es Pedro Morales. Es un primo de Juanjo.
   Es español. Es de Sevilla.
   Es médico.
   Está soltero.

2. • Julia Prada, una amiga de la universidad
   • Mexicana, Oaxaca
   • Estudiante
   • Casada

   2. ___

3. • Pedro Cubillo, un compañero de trabajo
   • Peruano, Lima
   • Contable
   • Separado

   3. ___

6) Complete la descripción con ser o con estar en la forma correcta del presente de indicativo.

Hoy __es__ lunes, 6 de marzo, y ___ las nueve y diez de la noche; ___ tarde. Julián ___ informático, todavía ___ en su despacho. Tiene veintiocho años y ___ soltero. ___ sentado en el sillón. El sillón ___ de piel. El ordenador ___ sobre la mesa.

6 LOS NUMERALES: cardinales y ordinales

EN LA AGENCIA DE VIAJES

La clienta:	¿Dígame?
El empleado:	Buenos días, con la señora Méndez, por favor.
La clienta:	Sí, soy yo.
El empleado:	Llamo de la agencia Sol-Tour. Ya tenemos su reserva de hotel.
La clienta:	Ah… Muy bien.
El empleado:	Tome nota, por favor. Hotel Playa, avenida Colón, 196. Teléfono: 928 24 61 30. Su habitación es la 403, en la cuarta planta.
La clienta:	Muchas gracias. Adiós.
El empleado:	Adiós.

El cliente:	¿Tiene ofertas para las islas Canarias para el mes de abril?
La empleada:	¿Qué fechas?
El cliente:	La primera semana.
La empleada:	A ver… Sí, tenemos una oferta del 2 al 7 de abril en Tenerife, todo incluido: avión, hotel de tres estrellas y pensión completa; y el hotel está a cien metros de la playa.
El cliente:	¿Cuánto vale?
La empleada:	¿Para cuántas personas?
El cliente:	Tres personas: mi mujer, mi hijo y yo.
La empleada:	¿Cuántos años tiene su hijo?
El cliente:	Cuatro años.
La empleada:	Para usted y su mujer, quinientos sesenta euros cada uno, y para su hijo, trescientos, porque tiene menos de diez años.
El cliente:	Muy bien. ¿Me da un folleto, por favor?
La empleada:	Por supuesto. Y aquí tiene mi tarjeta. Puede llamar todos los días de las diez de la mañana a las ocho de la tarde.
El cliente:	Muchas gracias.
La empleada:	A usted.

LOS NUMERALES: cardinales y ordinales

LOS CARDINALES

0 *cero*	10 *diez*	20 *veinte*
1 *uno*	11 *once*	21 *veintiuno*
2 *dos*	12 *doce*	22 *veintidós*
3 *tres*	13 *trece*	23 *veintitrés*
4 *cuatro*	14 *catorce*	24 *veinticuatro*
5 *cinco*	15 *quince*	25 *veinticinco*
6 *seis*	16 *dieciséis*	26 *veintiséis*
7 *siete*	17 *diecisiete*	27 *veintisiete*
8 *ocho*	18 *dieciocho*	28 *veintiocho*
9 *nueve*	19 *diecinueve*	29 *veintinueve*

- Del *1* al *29*: una sola palabra.
- *uno* →
  - *un* ante un nombre masculino singular: *un libro*
  - *una* ante un nombre femenino singular: *una casa*.
- *veintiuno* →
  - *veintiún* ante un nombre masculino: *veintiún euros*
  - *veintiuna* ante un nombre femenino: *veintiuna casas*

30 *treinta*
31 *treinta y uno*
32 *treinta y dos*
33 *treinta y tres*
...
40 *cuarenta*
50 *cincuenta*
60 *sesenta*
70 *setenta*
80 *ochenta*
90 *noventa*

Se usa *y* entre las decenas y las unidades.
- *58: cincuenta y ocho*
- *64: sesenta y cuatro*

100 *cien, ciento*
200 *doscientos/as*
300 *trescientos/as*
400 *cuatrocientos/as*
500 *quinientos/as*
600 *seiscientos/as*
700 *setecientos/as*
800 *ochocientos/as*
900 *novecientos/as*
1.000 *mil*
1.000.000 *un millón*

Se usa *ciento* ante decenas y unidades.
- *158: ciento cincuenta y ocho*
- *102: ciento dos*

▌ **Usos**
- Edad:
  Tengo veintiséis años.
- Números:
  El teléfono de la agencia es el 91 465 78 23.
  El hotel está en el número 196 de la avenida Colón.
- Cantidades:
  Tengo tres hermanos.
- Precios:
  El libro cuesta veintidós euros.

- Fechas, siglos:
  Juan nació el 13 de mayo de 1978.
- Horas:
  La agencia de viajes está abierta de las diez de la mañana a las ocho de la tarde.
- Temperaturas:
  Hoy estamos a veinticinco grados.
- Medidas y distancias:
  El hotel está a cien metros de la playa.

LOS ORDINALES

- primero, primera
- segundo, segunda
- tercero, tercera
- cuarto, cuarta
- quinto, quinta
- sexto, sexta
- séptimo, séptima
- octavo, octava
- noveno, novena
- décimo, décima

A partir del 11° se suelen usar los **cardinales**:
El piso 16, la planta 23.

☞ Delante de un nombre masculino singular se usa *primer / tercer* en lugar de *primero / tercero*.
Vivo en el primer piso.
Vives en el tercer piso.

▌ **Usos**
- Expresar orden en una clasificación:
  La primera semana de abril.
  La cuarta planta.

6 LOS NUMERALES: cardinales y ordinales

1 Una los siguientes puntos con una línea. ¿Qué lee?

Ocho, doce, cuatro, cinco, dos, diez, tres.

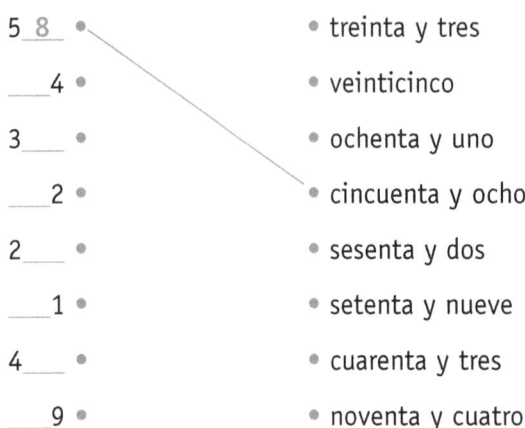

doce•   •ocho
   •once
cuatro•   •cinco   •seis
siete•   uno•   •dos
   tres•   •diez

2 Relacione y complete.

5_8_ •   • treinta y tres

___4 •   • veinticinco

3___ •   • ochenta y uno

___2 •   • cincuenta y ocho

2___ •   • sesenta y dos

___1 •   • setenta y nueve

4___ •   • cuarenta y tres

___9 •   • noventa y cuatro

3 Escriba con letras las distancias entre las siguientes ciudades.

Alicante
515	Barcelona										
817	620	Bilbao									
659	583	158	Burgos								
525	908	795	637	Córdoba							
353	868	829	671	166	Granada						
422	621	395	237	400	434	Madrid					
482	997	939	781	187	129	544	Málaga				
815	693	108	156	793	827	393	937	Santander			
609	1.046	933	775	138	256	538	219	837	Sevilla		
411	692	466	308	320	397	71	507	464	458	Toledo	
166	349	633	517	545	519	352	648	673	697	372	Valencia
498	296	324	287	725	759	325	869	397	863	396	326	Zaragoza

1. Alicante-Granada   trescientos cincuenta y tres

2. Barcelona-Córdoba   _____

3. Bilbao-Toledo   _____

4. Madrid-Málaga   _____

5. Burgos-Zaragoza   _____

6. Santander-Valencia _____

7. Burgos-Sevilla   _____

LOS NUMERALES: cardinales y ordinales

4 Escriba con letras ocho números combinando estas cifras. ❷ ❽ ❹

- 84   ochenta y cuatro
- ___   _____
- ___   _____
- ___   _____
- 428   cuatrocientos veintiocho
- ___   _____

5 Una los números.

1.225 — mil doscientos veinticinco
4.903 — cuatro mil novecientos tres
8.040 — ocho mil cuarenta
13.753 — trece mil setecientos cincuenta y tres
24.671 — veinticuatro mil seiscientos setenta y uno

6 Complete.

- 42.368   cuarenta y ____dos mil____ trescientos _____ y ocho.
- 91.604   _____ y un mil seiscientos _____.
- 18.972   dieciocho mil _____ setenta y _____.
- 39.657   treinta y nueve mil _____ cincuenta y _____.
- 73.925   setenta y _____ mil _____ veinticinco.
- 57.762   cincuenta y _____ mil _____ sesenta y dos.

7 Escriba con letras la superficie de los siguientes países de la Unión Europa.

- Alemania: 357.480 km²   trescientos cincuenta y siete mil cuatrocientos ochenta
- Reino Unido: 244.100 km²   _____
- Italia: 301.225 km²   _____
- Francia: 547.000 km²   _____
- España: 504.782 km²   _____

8 Escriba los números ordinales.

1. ¿Te gusta la 6ª ____sexta____ sinfonía de Beethoven?
2. Álvaro vive en el 3er _____ piso.
3. El ascensor está entre la 4ª _____ y la 5ª _____ planta.
4. Eres el 8º _____ de la lista.
5. Hoy es el 1er _____ día de las vacaciones.

7 PRESENTE DE INDICATIVO, verbos regulares

EN LA PLAZA

Matilde:	¡Sofía!
Sofía:	¿Sí?
Matilde:	Sofía, soy Matilde.
Sofía:	¡Matilde, hola! ¡Cuánto tiempo!
Matilde:	Sí, cuatro o cinco años. Pero, ¿qué tal? ¿Trabajas?
Sofía:	Sí, ahora vivo en Madrid y trabajo en una editorial, vendo novelas y escribo cuentos para niños. Es una empresa internacional y viajo a menudo.
Matilde:	¿Estás casada?
Sofía:	Sí… Mi marido se llama Alonso y mi hija Sandra, cumple tres años en noviembre.
Matilde:	¿Tomamos algo? Así, hablamos…
Sofía:	¿Ahora? Es que…
Matilde:	¡Venga!
Sofía:	Bueno, vale… Bueno, y tú, ¿qué es de tu vida?
Matilde:	Pues los lunes y los martes trabajo en la universidad de Alcalá, enseño inglés y…

Por favor, ¿este autobús pasa por la calle Morales?

Sí.

¿Y a qué hora llega?

A las tres o tres y cuarto.

Víctor:	¿La calle Libreros, por favor?
Lucía:	Sí. Mire… Usted toma la segunda calle a la derecha, continúa recto y gira la primera a la izquierda.
Víctor:	Muchas gracias.

PRESENTE DE INDICATIVO, verbos regulares

En español existen tres grupos de verbos según la terminación de su infinitivo: -ar, -er, -ir.

	HABLAR	**COMER**	**ESCRIBIR**
yo	hablo	como	escribo
tú	hablas	comes	escribes
usted, él, ella	habla	come	escribe
nosotros/as	hablamos	comemos	escribimos
vosotros/as	habláis	coméis	escribís
ustedes, ellos, ellas	hablan	comen	escriben

VERBOS PRONOMINALES Y VERBOS CON MODIFICACIONES ORTOGRÁFICAS

	LLAMARSE	**COGER** [1]	**ENVIAR** [2]	**CONTINUAR**
yo	me llamo	cojo	envío	continúo
tú	te llamas	coges	envías	continúas
usted, él, ella	se llama	coge	envía	continúa
nosotros/as	nos llamamos	cogemos	enviamos	continuamos
vosotros/as	os llamáis	cogéis	enviáis	continuáis
ustedes, ellos, ellas	se llaman	cogen	envían	continúan

▶ **Otros verbos** (1) proteger
(2) algunos verbos en -iar: esquiar, vaciar

USOS

– Indicar acciones habituales:
Los lunes trabajo en la universidad.
– Presentar informaciones:
Trabajo en una editorial.
El autobús pasa por la calle Morales.
– Dar instrucciones, explicaciones:
Usted toma la segunda calle a la derecha, continúa recto y gira la primera a la izquierda.
– Pedir, ofrecer, sugerir:
¿Quedamos mañana? Así, charlamos...
¿Tomamos algo?
– Expresar frecuencia: → Ver página 63
Viajo a menudo.

☞ **Se usa con:**
- todos los días, todas las mañanas / tardes / noches
- normalmente
- los lunes / martes / miércoles... o los fines de semana
- en verano, en otoño, en invierno, en primavera

7 PRESENTE DE INDICATIVO, verbos regulares

1) Conjugue los verbos en presente.

	TRABAJAR	VENDER	VIVIR
yo	trabajo		
tú			
usted, él, ella			
nosotros/as			
vosotros/as			
ustedes, ellos, ellas			

	LEVANTARSE	PROTEGER	ESQUIAR
yo			
tú			
usted, él, ella			
nosotros/as			
vosotros/as			
ustedes, ellos, ellas			

2) Complete el texto con los verbos de la lista en presente.

cenar   levantarse   tomar   ducharse   llegar   leer   comer   desayunar   trabajar   escuchar

Todas las mañanas, Fernando _____se levanta_____ a las siete y media. _____ y _____ en la cocina con su mujer. Luego, _____ el autobús para ir al trabajo; _____ a las nueve. A las dos, _____ con sus compañeros de trabajo en un pequeño restaurante. Por las tardes, _____ hasta las seis y media. Por las noches, _____ a las nueve. Luego, _____ música, o _____.

3) Relacione. Luego, escriba frases según el modelo.

- en verano
- los domingos
- los sábados por la noche
- todos los días en el desayuno
- los martes a las seis
- en invierno
- todos los días

- cenar con sus amigos (Juan)
- leer el periódico (usted)
- bañarse en el océano (vosotros)
- esquiar en los Pirineos (ellas)
- levantarse tarde (tú)
- tomar el metro para ir al trabajo (yo)
- practicar yudo (nosotros)

En verano os bañáis en el océano.

PRESENTE DE INDICATIVO, verbos regulares

4) ¿Qué hacen estas personas en su trabajo? Use las expresiones de la lista.

responder al teléfono   escribir cartas   vender pan
repartir el correo   reparar coches   curar a los animales

La secretaria _escribe cartas._   El veterinario _____
El cartero _____   La telefonista _____
El mecánico _____   El panadero _____

5) Complete con los verbos que faltan.

- Ramón ____habla____ inglés y español muy bien.
- (Vosotros) _____ en una empresa de informática.
- (Nosotros) _____ en un pequeño piso.
- (Ellos) _____ el autobús para ir al trabajo.
- El tren procedente de Madrid _____ a las nueve.
- Esta ONG _____ a los animales salvajes.
- La panadería _____ a las diez de la mañana.

abrir
llegar
proteger
vivir
hablar
tomar
trabajar

6) Relacione y conjugue los verbos en presente.

¿La calle Picasso, por favor?
¿Cómo funciona el cajero automático?
¿Cómo nos inscribimos en las clases de inglés?
Estoy enfermo.

(Completar, vosotros) _____ el impreso y (pagar, vosotros) _____ la matrícula.

Pues (llamar, tú) _____ al médico y (tomarse, tú) _____ una aspirina.

(Girar, Ud.) ____Gira____ a la derecha y (cruzar, Ud.) _____ la plaza.

Es muy sencillo, (teclear, tú) _____ tu número secreto y (pulsar, tú) _____ el botón verde.

7) ¿Qué dice en estas situaciones?

ayudar   dejar   tomar   prestar   abrir   comprar

En clase, necesita una goma.

Lola, ¿me _dejas_ (tú) tu goma?

¿_____ (yo) la ventana?

En su casa, un amigo tiene calor.

En clase, no sabe hacer un ejercicio.

Álex, ¿me _____ (tú)?

¿_____ (nosotros) un café?

Pasa delante de un bar con un amigo.

Está en una pastelería con un amigo.

¿_____ (nosotros) una tarta?

¿Me _____ (tú) un euro?

En una tienda con un amigo, Ud. no tiene dinero.

8 QUERER y PODER en presente de indicativo

EN EL NÚMERO 4 DE LA CALLE MOLINOS

Soy Antonio, ¿puedes abrir la puerta?

Belén:	Mariano, quiero comer ahora, tengo hambre.
Mariano:	Espera… la comida todavía no está lista.
Belén:	¿Te puedo ayudar? Es que tengo hambre.
Mariano:	Sí, mira… ¿Me puedes pasar la sal? Está sobre la mesa.
Belén:	Mm… Gazpacho, me encanta el gazpacho. ¡Lo quiero probar!
Mariano:	Espera…
Belén:	Puag…
Mariano:	Claro, no tiene aceite de oliva. ¿Puedes ir al ultramarinos a comprar una botella?
Belén:	Vale. ¿Quieres otra cosa?
Mariano:	Sí, una barra de pan.
Belén:	Vuelvo enseguida. ¿Puedes poner la mesa?
Mariano:	Que sí, que ahora comemos.

Matías:	¿Tienes el último CD de Miguel Bosé?
Vanesa:	Sí, está en el estante.
Matías:	¿Puedo ponerlo?
Vanesa:	Sí, claro. ¿Quieres una tónica o una cerveza?
Matías:	Una cerveza, por favor.
Vanesa:	¿Quieres quedarte a comer? He preparado una paella buenísima.
Matías:	No puedo, hoy como con mis padres y luego quiero ir a casa de Julia. Pero ¡puedes guardarme un poco y vuelvo esta noche con una botellita de Rioja o de Valdepeñas!
Vanesa:	¡De Rioja!

QUERER y PODER en presente de indicativo

	QUERER	PODER
yo	quiero	puedo
tú	quieres	puedes
usted, él, ella	quiere	puede
nosotros/as	queremos	podemos
vosotros/as	queréis	podéis
ustedes, ellos, ellas	quieren	pueden

USOS DE QUERER

▶ **Querer + sustantivo**
- Ofrecer algo:
  ¿Quieres una tónica?
- Expresar deseo, voluntad:
  Quiero una cerveza.

▶ **Querer + infinitivo**
- Invitar, proponer:
  ¿Quieres quedarte a comer?
- Expresar deseo, voluntad:
  Quiero comer ahora. Quiero ir a casa de Julia.

USOS DE PODER

- Pedir permiso:
  ¿Puedo ponerlo?
- Pedir acciones, favores:
  ¿Puedes ir al ultramarinos? ¿Me puedes pasar la sal?
- Expresar capacidad o incapacidad:
  No puedo, hoy como con mis padres.

USOS DE QUERER Y PODER CON PRONOMBRES PERSONALES

- reflexivos   me te se nos os se
- de objeto directo   me te le/lo/la nos os les/los/las   → Ver página 91
- de objeto indirecto me te le nos os les   → Ver página 91

▶ **Los pronombres personales pueden ir:**

- antes de *querer* o *poder*:
  Me quiero quedar./Me puedo quedar.
  Pedro se quiere levantar./Pedro se puede levantar.

  El CD   *Lo quiero escuchar.*
           Lo puedo escuchar.

  A él   *Le quieres escribir un e-mail.*
           Le puedes escribir un e-mail.

- después del infinitivo y formando una sola palabra:
  Quiero quedarme./Puedo quedarme.
  Pedro quiere levantarse./Pedro puede levantarse.

  El CD   *Quiero escucharlo.*
           Puedo escucharlo.

  A él   *Quieres escribirle un e-mail.*
           Puedes escribirle un e-mail.

8 QUERER y PODER en presente de indicativo

1. Escriba los diálogos, según el modelo.

1. un chicle / un caramelo — TÚ — ¿Quieres un chicle? — No, quiero un caramelo.
2. un café / un té — VOSOTROS
3. paella / tortilla — USTED
4. ir al campo / ir a la playa — TÚ
5. ver la tele / ir al cine — VOSOTROS

2. Exprese deseos, según el modelo.

1. Yo — tener hambre / comprar un bocadillo — Tengo hambre, quiero comprar un bocadillo.
2. Tú — tener sed / ir a una cafetería _____
3. Nosotros — tener hambre / comer ahora _____
4. Ustedes — tener calor / ir a la playa _____
5. Ella — tener frío / cerrar la ventana _____

3. Relacione y conjugue el verbo poder en presente.

- No hay pan. • — ¿_____ (vosotros) poner la mesa?
- Me duele la cabeza. • — ¿_____ (Ud.) bajar el volumen de la tele?
- Hace calor. • — ¿_____ (tú) poner el aire acondicionado?
- Vamos a cenar. • — ¿_____ (Ud.) repetir la pregunta?
- No comprendo. • — ¿ Puedes (tú) comprar una barra?

4. Lea las situaciones y pida permiso.

Está en casa de un amigo...

1. y hoy hay una película muy buena en la tele.
2. su amigo tiene el último CD de su cantante favorito.
3. su móvil está roto y necesita hacer una llamada.
4. necesita ir al baño.
5. tiene calor y las ventanas están cerradas.

1. ¿Puedo ver la película?
2. _____
3. _____
4. _____
5. _____

abrir la ventana   hacer una llamada   ver la película   ir al baño   poner este CD

QUERER y PODER en presente de indicativo

⑤ Rechace las invitaciones de sus amigos.
Complete las frases según el modelo y con las expresiones propuestas.

a casa de Julián   he perdido mi raqueta   tengo mucho trabajo
con mis padres   clase de inglés

1. ¿_____Quieres_____ ir al cine el sábado?
   Lo siento, no _____puedo_____, el sábado voy _____a casa de Julián._____

2. ¿_____ venir a casa a ver el partido de fútbol en la tele esta tarde?
   No gracias, no _____, esta tarde tengo _____

3. ¿_____ cenar en casa el sábado?
   No _____, el sábado ceno _____

4. ¿_____ jugar al tenis mañana?
   Lo siento, no _____, _____

5. ¿_____ escuchar este CD?
   Ahora no _____, lo siento. _____

⑥ ¿De qué están hablando? Relacione. Luego, transforme las frases según el modelo.

1	2	3	4	5
el periódico	unas fotos	la paella	unos amigos	las noticias

¡Qué hambre! ¿Puedo probarla?   __3__   ¿_La_ puedo probar?_____
Quiero leerlo. ¿Puedo cogerlo?   ___   _____
Podéis verlas en la tele.   ___   _____
Queremos hablar con ellos, podemos invitarles a cenar. ___ _____
¿Quieren verlas? Son de la fiesta del domingo pasado.   ___ _____

⑦ a. Relacione y complete las frases con un pronombre personal.

lo   se   me   le   te   nos

No sé hacer los ejercicios, •   • _____ podéis llamar a las tres.
Hoy hay partido en la tele, •   • _____ puedes ir.
Si has terminado el examen •   • _____ puedes mandar e-mails.
Julia y Bea están cansadas, •   • _____ quieren sentar.
Mañana estamos en casa, •   • ¿___me___ puede ayudar?
Alicia ya tiene Internet, •   • _____ quiero ver.

b. Transforme las frases anteriores.

_____¿Puede ayudarme?_____   _____
_____   _____
_____   _____

9 PRESENTE DE INDICATIVO, verbos irregulares (1)

EN LA BIBLIOTECA DE LA UNIVERSIDAD

Bernardo:	Buenos días, no encuentro *La colmena*, de Camilo José Cela.
Bibliotecaria:	A ver… Está en la estantería 26. Sigues por este pasillo y es la tercera estantería a la derecha.
Bernardo:	Gracias.
Bibliotecaria:	¿Quieres leerlo aquí?
Bernardo:	No, prefiero leerlo en casa.
Bibliotecaria:	Muy bien, ¿puedes rellenar este impreso?
Bernardo:	Sí, claro.

Sara:	¿Has terminado el trabajo de inglés?
Emilio:	Sí, ¿y tú?
Sara:	No, no entiendo los ejercicios de gramática. ¿Me ayudas?
Emilio:	Vale.
Sara:	¿Para qué sirve la forma en *-ing*? Es que no me acuerdo.
Emilio:	Para formar el presente continuo.
Sara:	¿También has terminado la traducción?
Emilio:	Sí.
Sara:	Yo no, es muy difícil.
Emilio:	Toma, te recomiendo este diccionario, es muy bueno.
Sara:	Gracias. Oye, ¿el lunes a qué hora empieza el examen de filosofía?
Emilio:	A las tres y media. Bueno, ¿nos vamos? La biblioteca cierra dentro de diez minutos.
Sara:	No puedo, no he terminado.
Emilio:	Pues mañana vuelves.
Sara:	¿Y por qué no me ayudas?
Emilio:	Bueno, vale.

PRESENTE DE INDICATIVO, verbos irregulares (1)

	CERRAR	ENTENDER	PREFERIR
yo	cierro	entiendo	prefiero
tú	cierras	entiendes	prefieres
usted, él, ella	cierra	entiende	prefiere
nosotros/as	cerramos	entendemos	preferimos
vosotros/as	cerráis	entendéis	preferís
ustedes, ellos, ellas	cierran	entienden	prefieren

▸ **Otros verbos** **-AR:** acertar, calentar, comenzar, despertarse, empezar, fregar, merendar, pensar, recomendar, sentarse...

☞ *nevar: nieva*
helar: hiela

-ER: encender, defender, perder, querer...
-IR: divertirse, mentir...

	ENCONTRAR	VOLVER	DORMIR	JUGAR
yo	encuentro	vuelvo	duermo	juego
tú	encuentras	vuelves	duermes	juegas
usted, él, ella	encuentra	vuelve	duerme	juega
nosotros/as	encontramos	volvemos	dormimos	jugamos
vosotros/as	encontráis	volvéis	dormís	jugáis
ustedes, ellos, ellas	encuentran	vuelven	duermen	juegan

▸ **Otros verbos** **-AR:** acostarse, acordarse, aprobar, comprobar, contar, costar, probar, recordar, sonar, soñar...

☞ *torcer: tuerzo, tuerces...*
llover: llueve
doler: duele, duelen

-ER: devolver, mover, poder...

	PEDIR
yo	pido
tú	pides
usted, él, ella	pide
nosotros/as	pedimos
vosotros/as	pedís
ustedes, ellos, ellas	piden

☞
- *corregir* corrijo, corriges...
- *elegir* elijo, eliges...
- *seguir* sigo, sigues...
- *sonreír* sonrío, sonríes, sonríe, sonreímos, sonreís, sonríen
- *reír* río, ríes, ríe, reímos, reís, ríen

▸ **Otros verbos** despedirse, medir, repetir, servir, vestirse...

– Querer, poder → Ver página 35

9 PRESENTE DE INDICATIVO, verbos irregulares (1)

1 Conjugue los verbos y complete el crucigrama.

1. repetir, nosotros
2. pedir, yo
3. cerrar, ella
4. contar, él
5. defender, ellos
6. entender, usted
7. corregir, yo
8. comprobar, vosostros
9. querer, nosotros
10. seguir, yo
11. sonreír, ellos
12. devolver, yo
13. jugar, él
14. medir, yo
15. pensar, usted
16. querer, tú
17. dormir, yo
18. repetir, usted
19. recomendar, tú
20. cerrar, vosotros
21. perder, él
22. pedir, nosotros
23. recordar, yo
24. seguir, ellas
25. preferir, tú
26. volver, nosotros
27. elegir, yo
28. encontrar, ellos

1. R E P E T I M O S

PRESENTE DE INDICATIVO, verbos irregulares (1)

2) Localice las formas. Clasifique los infinitivos y escriba la persona.

cierran cuenta recuerdan corrijo prefiero meriendan repite pierdo eliges pruebas mienten quieres pienso vuelve duermen sirves quiero piensas encuentra miden

o > ue	e > ie	e > i
	cerrar (ellos, ellas, ustedes)	

3) Conjugue los verbos y relacione.

¿A qué hora __empieza__ (empezar) el partido? •

¿_____ (querer, tú) una cerveza? •

¿_____ (calentar, yo) la cena? •

¿Cuánto _____ (costar) los pantalones? •

¿Dónde está la calle Huertas? •

¿Te gusta la fiesta? •

¿Cuál es el teléfono de Pablo? •

• Cincuenta euros.

• No, _____ (preferir, yo) un zumo de naranja.

• No sé, no _____ (acordarse, yo).

• _____ (seguir, tú) recto y _____ (torcer, tú) a la derecha.

• A las nueve y media.

• Sí, _____ (divertirse, yo) mucho.

• Sí, tengo hambre.

4) Transforme las frases según el modelo.

1. Vuelvo a las cinco.   NOSOTROS __volvemos a las cinco.__
2. Corregimos los ejercicios.   USTED _____
3. Se despierta a las siete.   VOSOTROS _____
4. Servís el café.   TÚ _____
5. Encendemos la luz.   ELLOS _____

5) Elija y conjugue los verbos.

cerrar
aprobar
entender
probarse

__Se prueba__ (ella) una falda.

_____ (tú) los exámenes.

_____ (yo) la ventana.

En Galicia _____ mucho en otoño.

¿Te _____ (yo) más gazpacho?

Los sábados _____ (nosotros) tarde.

No _____ (ellos) la pregunta.

_____ (Uds.) al tenis los martes.

acostarse
llover
jugar
servir

10 PRESENTE DE INDICATIVO, verbos irregulares (2)

EN LA ESTACIÓN

Andrea: Sí, ¿dígame?
Manuel: Hola Andrea, soy Manuel.
Andrea: ¿Diga?
Manuel: Andrea, ¿me oyes? Soy Manuel.
Andrea: ¿Samuel? No conozco a ningún Samuel.
Manuel: Que no… soy Manuel.
Andrea: ¡Manuel, hombre! ¿Dónde estás?
Manuel: En la estación.
Andrea: ¿Qué dices? Te oigo muy mal.
Manuel: Estoy en la estación, ¿vienes a recogerme?
Andrea: Vale, vale. Salgo ahora mismo. Adiós.

Señores viajeros, les informamos de que el AVE con destino a Zaragoza tiene quince minutos de retraso.

¡Quince minutos de retraso! ¿Qué hacemos?
Sí, yo también.
¿Vamos a la cafetería? Tengo sed.

Vigilante: ¿Me da su billete?
Concha: Sí. ¿Pongo las maletas en la cinta?
Vigilante: Tiene que poner el bolso, también.
Concha: ¿Sabe de qué andén sale el AVE a Sevilla?
Vigilante: No, no sé, pregunte en Información.
Concha: ¿Dónde está? No veo el mostrador.
Vigilante: Está ahí, a la derecha.

PRESENTE DE INDICATIVO, verbos irregulares (2)

	DAR	CONOCER	DECIR
yo	doy	conozco	digo
tú	das	conoces	dices
usted, él, ella	da	conoce	dice
nosotros/as	damos	conocemos	decimos
vosotros/as	dais	conocéis	decís
ustedes, ellos, ellas	dan	conocen	dicen

	HACER	IR	OÍR
yo	hago	voy	oigo
tú	haces	vas	oyes
usted, él, ella	hace	va	oye
nosotros/as	hacemos	vamos	oímos
vosotros/as	hacéis	vais	oís
ustedes, ellos, ellas	hacen	van	oyen

	PONER	SABER	SALIR
yo	pongo	sé	salgo
tú	pones	sabes	sales
usted, él, ella	pone	sabe	sale
nosotros/as	ponemos	sabemos	salimos
vosotros/as	ponéis	sabéis	salís
ustedes, ellos, ellas	ponen	saben	salen

	TENER	VENIR	VER
yo	tengo	vengo	veo
tú	tienes	vienes	ves
usted, él, ella	tiene	viene	ve
nosotros/as	tenemos	venimos	vemos
vosotros/as	tenéis	venís	veis
ustedes, ellos, ellas	tienen	vienen	ven

- Ser y estar → Ver página 23
- Ir a + infinitivo → Ver página 51
- Estar + gerundio → Ver página 55
- Tener que + infinitivo → Ver página 59

10 PRESENTE DE INDICATIVO, verbos irregulares (2)

1. Coloque los pequeños cuadros en la sopa de letras y lea, horizontalmente, 16 formas. Escriba los infinitivos de cada una.

Tener, _____

_____

2. Localice las formas.

dar, vosotros
salir, vosotros
ver, yo
tener, Ud.
venir, ellas
saber, yo
hacer, vosotros
poner, nosotros
tener, tú

salir, yo
oír, tú
conocer, vosotros
decir, él
ir, ellos
ver, ella
saber, nosotros
hacer, yo
salir, Uds.

3. Conjugue.

Dar, yo __doy__

Ver, él _____

Conocer, vosotros _____

Venir, tú _____

Decir, ellos _____

Salir, vosotros _____

Oír, tú _____

Ir, ellos _____

Tener, nosotros _____

Saber, yo _____

Dar, ella _____

Hacer, yo _____

Venir, ellos _____

Oír, yo _____

PRESENTE DE INDICATIVO, verbos irregulares (2)

4) Transforme el texto según el modelo.

Hola, me llamo Juan. Tengo treinta años. Los sábados por la mañana voy al gimnasio y hago deporte. Luego, doy una vuelta por el parque con mi perro. Por la tarde, veo la tele. Por la noche, salgo con mis amigos, vamos al pub Las Cañas porque conozco a todo el mundo.

Se llama Juan. Tiene treinta años. Los sábados _____

_____
_____
_____

5) Relacione y conjugue los verbos.

¿ __Tienes__ (Tener, tú) **hora?**

No _____ (conocer, yo) a este chico, ¿quién es?

¿Qué _____ (hacer, Ud.) después de cenar?

¿_____ (Saber, tú) dónde hay una farmacia?

¿Qué _____ (hacer, vosotros) los sábados por la noche?

¿A qué hora _____ (salir, Uds.) del trabajo?

¿Dónde _____ (poner, yo) los libros?

• No, no _____ (saber, yo), lo siento.
• _____ (Salir, nosotros) a las seis y media.
• _____ (Ver, yo) la tele.
• Sí, son las dos y media.
• Sobre la mesa.
• Es un amigo de la universidad.
• _____ (Ir, nosotros) de copas.

6) Complete las frases con los verbos de la lista.

hacer (yo) – tener (tú) – poner (yo) – ir (nosotros) – salir (ellos) – venir (Ud.) – saber (yo) – ver (ellos)

¿ __Hago__ paella para la cena?

Los domingos _____ con sus amigos.

Mis padres _____ el partido de fútbol en la tele.

¿De dónde _____ ? Del mercado.

¿_____ a casa de Julia mañana?

_____ hablar español y francés.

¿Cuántos años _____ ?

¿_____ la tele? Hay una película.

11 GUSTAR, ENCANTAR, INTERESAR

COMENTANDO LA VISITA A LA CIUDAD

Julio y Cristina están en Sevilla, en casa de unos amigos.
Hoy han visitado los principales monumentos de la ciudad.

David:	Bueno, ¿os gusta Sevilla?
Cristina:	Me encanta, es una ciudad preciosa.
Carmen:	¿Y qué habéis hecho?
Julio:	Andar, andar y andar… Primero, hemos ido a la Plaza de España.
Cristina:	Es una maravilla. Me gustan mucho los puentes, son muy bonitos. Luego hemos ido a comer a un restaurante del barrio de Santa Cruz.
Julio:	Sí, a comer gazpacho y marisco. Me encantan los mejillones.
Carmen:	¿Y por la tarde?
Julio:	Andar, andar y andar otra vez.
Cristina:	Hemos visto la catedral y luego el museo de Bellas Artes. Me encanta ver museos.
Julio:	Pues a mí no me interesan los museos.
Cristina:	Después hemos paseado por el centro.
Julio:	Sí, andar y andar; total, ahora estoy cansado.
Carmen:	¿Te gusta el flamenco?
Julio:	¡Me encanta!
David:	Bueno, pues ahora vais a ver lo más típico de la ciudad, un tablao flamenco.
Julio:	¿¿Ahora?? Es que estoy cansado.
Cristina:	Ni qué ni nada…¡Venga Julio, anímate! ¡No hemos venido a Sevilla a dormir!
Carmen:	Tranquilo, hombre, ¡que vamos en coche!

GUSTAR, ENCANTAR

(A mí)	me
(A ti)	te
(A Ud. / él / ella)	le
(A nosotros/as)	nos
(A vosotros/as)	os
(A Uds. / ellos / ellas)	les

gusta   el gazpacho, la playa.
encanta bailar, leer, escribir.

gustan   los mejillones.
encantan las películas de acción.

Usos
– Expresar gustos:
  Me gusta mucho esta plaza.
  Me encantan los tablaos flamencos.
  Me encanta ver museos.

Me encanta(n).
Me gusta(n) muchísimo.
Me gusta(n) mucho.
Me gusta(n).
No me gusta(n) mucho.
No me gusta(n).
No me gusta(n) nada.

INTERESAR

(A mí)	(no) me	
(A ti)	(no) te	interesa
(A Ud. / él / ella)	(no) le	
(A nosotros/as)	(no) nos	
(A vosotros/as)	(no) os	interesan
(A Uds. / ellos / ellas)	(no) les	

interesa   el deporte.
           la pintura.

interesan los museos.
           las exposiciones.

Usos
– Expresar interés por algo (una actividad, un tema…):
  Me interesan los museos.

MOSTRAR ACUERDO Y DESACUERDO

ACUERDO		DESACUERDO	
😊 *Me gusta(n)… Me interesa(n)…*	A mí también. 😊	😊 *Me gusta(n)… Me interesa(n)…*	A mí no. 😠
😠 *No me gusta(n)… No me interesa(n)…*	A mí tampoco. 😠	😠 *No me gusta(n)… No me interesa(n)…*	A mí sí. 😊

11 GUSTAR, ENCANTAR, INTERESAR

1 Copie las palabras en la columna correcta.

ver exposiciones   el arte moderno   los gatos   los deportes   la música clásica
las fresas   los cuadros de Picasso   el baloncesto   las verduras   la comida española
fregar los platos   el flamenco   los pantalones de campana   viajar en tren
las canciones de Joaquín Sabina   navegar por Internet

A Alberto le gusta...	A nosotros no nos gustan...
ver exposiciones,	

2 Forme 16 frases con un elemento de cada columna.

A Juan • • no nos gusta • • las películas de acción.
A mis amigos • • le encanta • • el cine.
A nosotros • • te gusta • • la música.
A ti • • me encantan • • leer.
A mí • • les gustan • • los animales.
                                    • esquiar.

1. *A Juan le encanta el cine.*
2. *A Juan le encanta esquiar.*
3. _____
4. _____
5. _____
6. _____
7. _____
8. _____
9. _____
10. _____
11. _____
12. _____
13. _____
14. _____
15. _____
16. _____

3 Ordene las palabras.

1. fútbol./gusta/No/el/me/mucho   *No me gusta mucho el fútbol.*
2. le/deportes./A/los/Alfonso/interesan   _____
3. encanta/A/al/usted/tenis./le/jugar   _____
4. novelas/nos/No/gustan/policíacas./las   _____
5. interesa/literatura./ti/A/te/la   _____
6. sábados./me/trabajar/No/gusta/nada/los   _____
7. la/Me/patatas./encanta/de/tortilla   _____
8. amigos/niños./A/gustan/mis/les/los   _____

48

GUSTAR, ENCANTAR, INTERESAR

4 Complete las frases con los pronombres me, te, le, nos, os, les y a/an.

1. A mí _me_ interes_a_ mucho el cine.
2. ¿A usted ____ gust__ el gazpacho.
3. A ti ____ gust__ los gatos.
4. A Pedro ____ interes__ los deportes.
5. A nosotros no ____ gust__ las judías verdes.
6. A ellas ____ gust__ mucho ir de copas.
7. ¿A vosotros ____ gust__ las películas de terror?
8. A vosotros ____ encant__ jugar al baloncesto.
9. A mí no ____ gust__ nada la lluvia.
10. A ti ____ encant__ visitar monumentos.
11. A Elena ____ interes__ la poesía.
12. A mis amigas ____ gust__ las obras de teatro.

5 Complete las respuestas de Félix con A mí también, A mí tampoco, A mí sí, A mí no.

María
☺	☹
las ciencias el surf	los perros bailar

Félix
☹	☺
las ciencias bailar	los perros el surf

- Me gustan las ciencias. → 1. _A mí no._
- No me gustan los perros. → 2. _____
- Me gusta el surf. → 3. _____
- No me gusta bailar. → 4. _____

6 Forme frases según los modelos. Use Me encanta(n), Me gusta(n), No me gusta(n).

1. Este actor es muy bueno. → Me encanta este actor.
2. Tus zapatos son bonitos. → Me gustan tus zapatos.
3. La sopa está mala. → No me gusta la sopa.
4. Esta película es mala. → _____
5. Tu chaqueta es elegante. → _____
6. Tu vestido es muy bonito. → _____
7. Estos pantalones son feos. → _____
8. Esta ciudad es agradable. → _____
9. Estos libros son muy interesantes. → _____

7 Termine las frases y ponga los verbos en la forma correcta.

No quiero ver esta película •
Vamos a la playa •
Los niños van al zoo •
Vais al museo •
Carlos estudia inglés •

• porque (encantar) _____ tomar el sol.
• porque (interesar) _____ la pintura.
• porque (gustar) _____ mucho los animales.
• porque no (gustar) _me gustan_ los actores.
• porque (gustar) _____ los idiomas.

12 IR A + INFINITIVO

EN LA TERRAZA DE UN CAFÉ

Susana:	Yo voy a pedir una cerveza, ¿y tú?
Elena:	Un cortado.
Susana:	¿Cuándo vais a coger las vacaciones, Ernesto y tú?
Elena:	En agosto, como todos los años. La primera semana vamos a alquilar una casa en el campo. Y la segunda, vamos a hacer una excursión en los Pirineos; nos encanta la naturaleza.
Susana:	Pues yo, este año las voy a coger en septiembre. Voy a ir a Italia con unos amigos.
Elena:	¿A Italia? ¡Qué suerte!
Susana:	Sí, vamos a visitar Florencia, Roma, Venecia…
Elena:	Pero tú no hablas italiano.
Susana:	No, pero voy a aprender; en julio voy a hacer un cursillo intensivo de quince días en la Escuela Oficial de Idiomas.

Manuel:	¿Has visto la última película de Javier Bardén?
Víctor:	No, voy a verla el domingo por la tarde con Jaime.
Manuel:	Pues yo, el domingo, voy a quedarme en casa, voy a estudiar todo el día y voy a acostarme pronto; el lunes tengo los exámenes finales.
Víctor:	Este año terminas la carrera. ¿Qué vas a hacer si apruebas?
Manuel:	Pues en julio voy a trabajar en una agencia de publicidad y, en agosto, voy a empezar un máster en marketing.
Víctor:	Y tú, ¿nunca sales, nunca descansas?
Manuel:	Sí, claro. Mira, ¡nos vamos a sentar y me vas a invitar a un café!

IR A + INFINITIVO

	IR A + INFINITIVO		
yo	voy		visitar
tú	vas		trabajar
usted, él, ella	va	a	ver
nosotros/as	vamos		hacer
vosotros/as	vais		pedir
ustedes, ellos, ellas	van		ir

☞ **Se usa con:**
- Hoy
- A las dos/tres/cuatro…
- Después de cenar, después del trabajo…
- Esta mañana, esta tarde, este mediodía, esta noche
- Esta semana, este fin de semana, este mes, este año, estas vacaciones, este verano/otoño…
- Mañana, el lunes/martes/miércoles…
- En enero/febrero…
- La semana que viene, el mes que viene…

USOS

- Contar acciones inmediatas:
  Voy a pedir una cerveza.
  Nos vamos a sentar.
  Me vas a invitar.
- Expresar planes y proyectos:
  Vamos a alquilar una casa.
  Vamos a visitar Florencia.
  Voy a estudiar.
  ¿Qué vas a hacer si apruebas?

USOS CON PRONOMBRES PERSONALES

- reflexivos   me te se nos os se
- de objeto directo   me te le/lo/la nos os les/los/las   → Ver página 91
- de objeto indirecto   me te le nos os les   → Ver página 91

▶ **Los pronombres personales pueden ir:**

- antes de *ir*:
  Me voy a quedar en casa.
  Nos vamos a sentar.

  La película   *La voy a ver el sábado.*
  Las vacaciones   *Las voy a coger en septiembre.*
                  Me vas a invitar a un café.

  A él   *Le voy a escribir un e-mail.*
  A ti   *Te voy a mandar una postal.*

- después del infinitivo y formando una sola palabra:
  Voy a quedarme en casa.
  Vamos a sentarnos.

  La película   *Voy a verla el sábado.*
  Las vacaciones   *Voy a cogerlas en septiembre.*
                  Vas a invitarme a un café.

  A él   *Voy a escribirle un e-mail.*
  A ti   *Voy a mandarte una postal.*

12 IR A + INFINITIVO

1) Localice los verbos y complete las frases según el modelo.

	1	2	3	4	5
a	visitar	terminar	cenar	ir	ver
b	llamar	comer	leer	hacer	salir

1. El sábado (nosotros, a/3) _____ vamos a cenar _____ en un restaurante chino.
2. La semana que viene (tú, b/1) _____ a Julio.
3. Este mediodía (yo, b/2) _____ con un amigo.
4. Este verano (Ud., a/1) _____ Roma.
5. Esta noche (vosotros, a/5) _____ una película.
6. El año que viene (yo, b/4) _____ un máster en Estados Unidos.
7. Esta tarde (Sofía, a/2) _____ los ejercicios.
8. En agosto (nosotros, a/4) _____ a la playa.
9. Hoy (Lucas y Antonio, b/5) _____ pronto del trabajo.
10. Después de comer (yo, b/3) _____ el periódico.

2) Complete los diálogos con los verbos de la lista.

estudiar   invitar   hacer   comprar   coger   ir   visitar

— ¿Vas a __estudiar__ este fin de semana?   — Sí, el lunes tengo un examen.

— ¿Con quién vas a _____ al concierto, el sábado?   — Con María.

— ¿Qué va a _____ en París?   — Voy a _____ el Louvre.

— ¿El sábado es tu cumpleaños?   — Sí, y voy a _____ a todos mis amigos.

— ¿Cómo vais a ir a Zaragoza?   — ¿Vamos a _____ el AVE.

— ¿Vas a la pastelería?   — Sí, voy a _____ una tarta.

3) Observe la agenda de Patricia. ¿Qué va a hacer el miércoles?

cenar   comer   salir
visitar   preparar   tener
llamar   llegar   ir

MIÉRCOLES 22 DE ABRIL

MAÑANA
09:00 Preparación visita a Bilbao
10:00 Reunión con los comerciales
12:00 Julián Cobos 91 563 2278
14:00 Comida con Pedro Montes

TARDE
15:20 Aeropuerto (Bilbao) (Salida 15:50 llegada 17:00)
17:45 Visita nuevas oficinas de Bilbao
21:00 Cena con el nuevo director

A las nueve ____va a preparar____ su visita a Bilbao. A las diez _____ una reunión con los comerciales. A las doce _____ a Julián Cobos. A las dos _____ con Pedro Montes. A las tres y veinte _____ al aeropuerto. _____ a las cuatro menos diez y _____ a las cinco. A las seis menos cuarto _____ las nuevas oficinas de Bilbao. A las nueve _____ con el nuevo director.

IR A + INFINITIVO — 12

4) Relacione y escriba frases.

Mi coche no funciona. • • llamar al médico
Estás cansada. • • ir al cine
Julia está enferma. • • coger el metro — Mi coche no funciona, voy a coger el metro.
Hoy no trabajamos. • • comer un bocadillo
Tienen hambre. • • visitar el Prado
Estáis en Madrid. • • descansar

5) Transforme las frases según los modelos.

1. Voy a sentarme. **Me** voy a sentar.
2. Vas a acostarte. _____
3. Va a quedarse. _____
4. Vamos a bañarnos. _____
5. Vais a acostaros. _____
6. Van a vestirse. _____
7. Me voy a divertir. Voy a divertir**me**.
8. Te vas a levantar. _____
9. Se va a peinar. _____
10. Nos vamos a ir. _____
11. Os vais a aburrir. _____
12. Se van a casar. _____

6) Ordene los verbos y escriba el texto.

desayunar   ir al trabajo   volver a casa muy tarde   comer
jugar al tenis a las 17:15   acostarse   trabajar hasta las 17:00
ducharse   cenar   levantarse   ir de copas con sus amigos

Mañana es viernes, Raúl va a levantarse / se va a levantar.

_____
_____
_____
_____

7) Conteste afirmativamente. Use un pronombre complemento directo o indirecto.

1. ¿Va a leer el libro? Sí, **lo** voy a leer. / Sí, voy a leer**lo**.
2. ¿Va a llamar a Juan? _____ / _____
3. ¿Va a escribir las cartas? _____ / _____
4. ¿Va a enviar los e-mails? _____ / _____
5. ¿Va a escribir un e-mail al director? Sí, **le** voy a escribir / voy a escribir**le** un e-mail.
6. ¿Va a comprar flores a Lara por su santo? _____ / _____
7. ¿Va a enviar una postal a sus padres? _____ / _____
8. ¿Va a enseñar su casa a sus amigas? _____ / _____

13 ESTAR + GERUNDIO

EN LA PLAYA

Natalia:	¿Sí, dígame?
Paula:	Hola, soy Paula.
Natalia:	Hola, ¿qué tal?
Paula:	No he parado en todo el día, ahora estoy preparando unos bocadillos y unos refrescos para el viaje.
Miguel:	¡Paula!
Natalia:	¿Cuándo salís?
Paula:	Dentro de un rato, Clara todavía no está lista, está vistiéndose. ¿Y tú, qué tal?
Natalia:	Muy bien. Estoy tomando el sol, hace un tiempo fenomenal.
Paula:	¡Qué envidia! Aquí está lloviendo. Y Ramón, ¿qué está haciendo?
Natalia:	Se está bañando.
Miguel:	¡Paula!
Paula:	¿Y los niños?
Natalia:	Pues Daniel está leyendo, Alicia está escribiendo postales a sus amigas del instituto y el perro está durmiendo. ¿Has hecho ya las maletas?
Paula:	Sí, Miguel las está metiendo en el coche.
Natalia:	¿A qué hora llegáis?
Paula:	A las siete o siete y media, según el tráfico.
Miguel:	Paula, ¿puedes venir un momento?
Paula:	Oye, te dejo, que me está llamando Miguel. Hasta luego.
Natalia:	Hasta luego, un beso.

ESTAR + GERUNDIO   13

	ESTAR + GERUNDIO	
yo	estoy	
tú	estás	*llamar* → *llamando*
usted, él, ella	está	*hacer* → *haciendo*
nosotros/as	estamos	*escribir* → *escribiendo*
vosotros/as	estáis	
ustedes, ellos, ellas	están	

▸ Gerundios irregulares
- decir   diciendo (1)
- dormir   durmiendo
- ir   yendo
- leer   leyendo
- oír   oyendo
- reír   riendo
- sonreír   sonriendo

▸ Otros verbos
(1) corregir, despedirse, divertirse, elegir, medir, mentir, pedir, repetir, seguir, servir, vestirse...

USOS

– Hablar de acciones que se realizan en el momento en que hablamos:
Estoy preparando **unos bocadillos.**
Daniel *está leyendo.*
El perro *está durmiendo.*

USOS CON PRONOMBRES PERSONALES

– reflexivos	me te se nos os se	
– de objeto directo	me te le/lo/la nos os les/los/las	→ Ver página 91
– de objeto indirecto	me te le nos os les	→ Ver página 91

▸ Los pronombres personales pueden ir:

- antes de *estar*:
Me estoy levantando.
Juan se está duchando.

    El CD   *Lo estoy escuchando.*
    A él   *Le estoy escribiendo un e-mail.*

- después del gerundio y formando una sola palabra:
Estoy levantándome.
Juan está duchándose.

    El CD   *Estoy escuchándolo.*
    A él   *Estoy escribiéndole un e-mail.*

> ☞ Cuando añadimos un pronombre personal al **gerundio**, tenemos que poner una **tilde** en la vocal de la **antepenúltima sílaba**.
> *La estás mirando.*   *Estás mirándola.*
> *Se están vistiendo.*   *Están vistiéndose.*
> *Te estamos esperando.*   *Estamos esperándote.*
> *Les estamos escribiendo.*   *Estamos escribiéndoles.*

13 ESTAR + GERUNDIO

1) Escriba los gerundios.

esperar <u>esperando</u>	poner _____
seguir _____	andar _____
ver _____	subir _____
hablar _____	leer _____
dormir _____	reír _____
salir _____	repetir _____
hacer _____	beber _____

2) Complete las frases con los verbos de la lista en la forma estar + gerundio.

ver
esperar
pasear
tomar
comer
jugar
hacer
leer

- Juan **está tomando** una cerveza en una cafetería.
- (Nosotros) _____ las noticias en la tele.
- (Ud.) _____ el periódico.
- (Vosotros) _____ el autobús.
- (Yo) _____ al fútbol con mis amigos.
- (Tú) _____ por el parque.
- Los estudiantes _____ un examen.
- Sofía _____ en el restaurante.

3) Conteste a las preguntas con los verbos de la lista, según el modelo.

leer un informe   servir un café   preparar una reunión   corregir los ejercicios
visitar un museo   escribir un artículo   cuidar a un enfermo   atender a un cliente

¿Qué está haciendo la camarera? — 1. **Está sirviendo un café.**

¿Qué está haciendo la enfermera? — 2. _____

¿Qué están haciendo los turistas? — 3. _____

4. _____ — ¿Qué está haciendo la secretaria?

¿Qué está haciendo el director? — 8. _____

¿Qué está haciendo el periodista? — 7. _____

5. _____ — ¿Qué está haciendo el profesor?

¿Qué está haciendo la dependienta? — 6. _____

ESTAR + GERUNDIO **13**

4) Relacione y escriba frases.

El director / trabajar • • fotocopias
La telefonista / contestar • • en su cuna
La secretaria / hacer • • en su despacho   El director está trabajando en su despacho.
Los viajeros / subir • • al teléfono
El bebé / dormir • • al tren
Mi abuelo / escuchar • • un vestido
La clienta / elegir • • la radio

5) Cambie cada pronombre personal de posición.

Me estoy vistiendo. → Estoy vistiéndome.

_____ ← Estás duchándote.

Fernando se está afeitando. → _____

_____ ← Estamos divirtiéndonos.

Os estáis peinando. → _____

_____ ← Los niños están acostándose.

6) Forme frases según los modelos.

Complemento directo

1. escuchar (yo) / la canción **La** estoy escuchando. / Estoy escuchándo**la**.
2. hacer (tú) / los ejercicios _____
3. mirar (ellos) / a mí _____
4. esperar (nosotros) / a ti _____
5. escuchar (ella) / a él. _____
6. tomar (yo) / las cervezas _____

Complemento indirecto

1. escribir (yo) un e-mail a Pedro   **Le** estoy escribiendo un e-mail.
   Estoy escribiéndo**le** un e-mail.

2. explicar (Ud.) el ejercicio a nosotros _____

3. pedir (tú) la cuenta a la camarera _____

4. enseñar (él) la casa a unos amigos _____

5. hacer (ella) una pregunta a mí _____

6. servir (yo) una cerveza a ti _____

14 Expresar obligación y necesidad, HAY QUE / TENER QUE + infinitivo

PARA TENER UNA CUENTA DE CORREO ELECTRÓNICO

Marina:	¿Para tener una cuenta de correo electrónico hay que pagar?
Ramón:	No, es gratuito.
Marina:	¿Y qué hay que hacer?
Ramón:	Yo tengo una en Yahoo; si quieres, te enseño.
Marina:	Vale.
Ramón:	Pues mira, es muy sencillo. Primero tienes que entrar en yahoo.es.
Marina:	www.yahoo.es, ya está, ¿y ahora?
Ramón:	Tienes que hacer clic en "Correo", aquí, en el icono del sobre.
Marina:	Vale.
Ramón:	Ahora tienes que registrarte: pinchas en el botón "Quiero registrarme". Va a aparecer una página con campos, los tienes que completar todos.
Marina:	Oye, ¿qué es la contraseña?
Ramón:	Es tu código secreto. La tienes que teclear cada vez que entras en tu correo; como sólo tú la conoces, sólo tú puedes entrar.
Marina:	Ah… Vale. ¿En esta cuenta puedo recibir muchos mensajes?
Ramón:	Tiene capacidad ilimitada.
Marina:	Y ahora, ¿qué tengo que hacer?
Ramón:	¿Ahora? Tienes que invitarme a una cerveza!

Expresar obligación y necesidad, HAY QUE / TENER QUE + infinitivo

TENER QUE + INFINITIVO

	TENER QUE + INFINITIVO		
yo	tengo		escuch*ar*
tú	tienes		esper*ar*
usted, él, ella	tiene	que	volv*er*
nosotros/as	tenemos		v*er*
vosotros/as	tenéis		sal*ir*
ustedes, ellos, ellas	tienen		escrib*ir*

▸ **Usos**
- Expresar obligación o necesidad **personal**:
  Tienes que registrarte.
  Tienes que teclear la contraseña.

▸ **Usos con pronombres personales**
- reflexivos   me te se nos os se
- de objeto directo   me te le/lo/la nos os les/los/las   → Ver página 91
- de objeto indirecto   me te le nos os les   → Ver página 91

▸ **Los pronombres personales pueden ir**

- antes de *tener*:
  Me tengo que registrar.
  Te tienes que quedar aquí.

La contraseña	La tengo que teclear.
Mis datos	Los tengo que escribir.
A él	Le tienes que dar las explicaciones.
A mí	Me tienes que explicar el funcionamiento del correo.

- después del infinitivo y formando una sola palabra:
  Tengo que registrarme.
  Tienes que quedarte aquí.

La contraseña	Tengo que teclearla.
Mis datos	Tengo que escribirlos.
A él	Tienes que darle las explicaciones.
A mí	Tienes que explicarme el funcionamiento del correo.

HAY QUE + INFINITIVO

▸ **Usos**
- Expresar obligación o necesidad **general**:
  ¿Qué hay que hacer para tener una cuenta de correo electrónico?
  ¿Hay que pagar?

14 Expresar obligación y necesidad, HAY QUE / TENER QUE + infinitivo

1) Relacione.

Antes de subir al avion • — • hay que comprar un billete.
Para estar en forma • • hay que leer los anuncios.
Antes de coger el autobús • • hay que llamar a los bomberos.
Para encontrar trabajo • — • hay que facturar el equipaje.
Si hay un incendio • • hay que practicar deporte.

2) Relacione cada recomendación con el lugar correpondiente.

coger un carrito   hacer cola   llamar al camarero
ponerse el cinturón   esperar   hablar en voz baja

en una biblioteca	Hay que hablar en voz baja.
en un supermercado	Hay que _____
en las taquillas del cine	Hay que _____
en una parada de autobús	Hay que _____
en un restaurante	Hay que _____
en un coche	Hay que _____

3) Complete las frases con los verbos de la lista.

dormir   practicar   ahorrar   usar   plantar   proteger   reciclar   beber   comer

• Para salvar el medio ambiente, hay que _____reciclar_____ el papel, _____ energía, _____ a los animales, _____ la energía solar y _____ árboles.

• Para estar en forma, hay que _____ deporte, _____ mucha verdura, _____ ocho horas diarias y _____ dos litros de agua al día.

4) Ordene los pasos de las instrucciones para sacar dinero de un cajero automático.

____ A continuación hay que introducir el código secreto.
____ Luego, hay que recordar el código secreto.
____ Finalmente, hay que coger el dinero, la tarjeta y el comprobante.
____ Después, hay que escribir el importe deseado.
____ Seguidamente hay que pulsar la tecla ACEPTAR.
____ teclear el nuevo importe.
____ En caso de error, hay que pulsar la tecla ANULAR y
_1_ Primero hay que insertar la tarjeta.

Expresar obligación y necesidad, HAY QUE / TENER QUE + infinitivo 14

5 Relacione y complete las frases con el verbo *tener que* en la forma correcta.

Está lloviendo, • • _____ acostarse y dormir.
La nevera está vacía, • • (tú) _____ ir al supermercado.
El martes tengo un examen, • • (vosotros) _____ esperar.
Lucía está muy cansada, • • _____ estudiar todo el fin de semana.
El avión tiene retraso, • • _____ llamar al médico.
Estoy enfermo, • • (nosotros) __tenemos que__ coger el paraguas.

6 Complete la receta de la tortilla de patatas con los verbos de la lista.

poner   añadir   batir   pelar   mezclar   echar

- Quiero hacer una tortilla de patatas, ¿me ayudas?
○ Vale. Primero, tienes que ____pelar____ las patatas y cortarlas en láminas finas.
- Vale; ¿y después?
○ Tienes que _____ el aceite en la sartén y freír las patatas.
- Vale.
○ Después, tienes que _____ los huevos.
- ¿No tengo que _____ un poco de sal?
○ Sí, luego tienes que _____ las patatas con los huevos y echar la mezcla en la sartén.
- Luego tengo que _____ un plato sobre la sartén para dar la vuelta a la tortilla, ¿no?
○ Exacto. Y nada más.
- Pues esta noche voy a hacer una. ¿Te quedas a cenar?

7 Cambie el pronombre de lugar, según el modelo.

Me tengo que ir. → __Tengo que irme.__

_____ ← Tienes que quedarte a cenar.

Álex se tiene que probar esta camisa. → _____

_____ ← Tenemos que acostarnos pronto.

Os tenéis que levantar a las seis. → _____

8 Forme frases según los modelos.

Complemento directo e indirecto

1. esperar (tú) / a mí **Me tienes que esperar. / Tienes que esperarme.**
2. terminar (yo) / los ejercicios _____
3. escuchar (Ud.) / a nosotros _____
4. mandar (yo) / un e-mail a Lola _____
5. pedir (ella) / un favor a ti. _____
6. dar (ellos) / una carta a vosotros _____

61

15 EXPRESAR FRECUENCIA

UNA ENCUESTA

Encuestador:	Buenos días. Estoy haciendo una encuesta sobre los hábitos de los españoles. ¿Pueden contestar a unas preguntas?
Mercedes:	¿Una encuesta? No, no… Es que no tenemos tiempo.
Encuestador:	Son sólo tres o cuatro preguntas.
Mercedes:	Bueno, si son cuatro preguntas…
Encuestador:	¿Cuántas veces al mes van al restaurante?
Mercedes:	Dos veces, cuando me invita Paco.
Paco:	¡No! Cuatro veces, te invito todos los sábados.
Mercedes:	Vale, vale.
Encuestador:	¿Van al cine?
Mercedes:	Sí, vamos a menudo, dos o tres veces al mes.
Paco:	Sí, y siempre vemos películas de acción o de aventuras, nos encantan.
Encuestador:	Bien, muy bien… ¿Con qué frecuencia practican deporte?
Mercedes:	Yo voy al gimnasio dos veces por semana, cada lunes y cada jueves después del trabajo, de seis a siete y media. Voy con unas compañeras de la oficina y…
Encuestador:	Bien, muy bien… dos veces a la semana. ¿Y usted?
Paco:	Yo casi nunca, no tengo tiempo.
Mercedes:	Es que trabaja en una empresa de exportación, viaja mucho y…
Encuestador:	Ah, ah… Muy bien… ¿Dónde comen a mediodía?
Mercedes:	Normalmente como en el trabajo. Es que sólo tengo una hora para comer, bueno… vivo muy lejos del trabajo y no tengo tiempo para…
Encuestador:	Ah, ah… Pues muy bien… Muchas gracias, hemos terminado.
Mercedes:	¿Ya está?
Encuestador:	Sí, muchas gracias.

EXPRESAR FRECUENCIA 15

CON ADVERBIOS DE TIEMPO Y EXPRESIONES

- siempre
  Siempre vemos películas de acción.
- casi siempre
- normalmente
  Normalmente como en el trabajo.
- a menudo
  Vamos al cine a menudo.
- a veces / de vez en cuando
- casi nunca
  Casi nunca voy al gimnasio.
- nunca (→ Ver página 95)

☞ *Normalmente* también puede ir al principio de la frase:
Mercedes normalmente come en el trabajo.
Mercedes come normalmente en el trabajo.
Normalmente, Mercedes come en el trabajo.

▶ **Posición:** Antes o después del **verbo**.
*Mis amigos siempre **salen** los sábados. Mis amigos **salen** siempre los sábados.*
*Mercedes a menudo **va** al gimnasio. Mercedes **va** a menudo al gimnasio.*

CON TODOS LOS / TODAS LAS + NOMBRE
CADA + NOMBRE

- Todos los (+ nombre plural)
  - días
  - lunes/martes...
  - fines de semana
  - meses
  - veranos/inviernos
  - años
- Todas las (+ nombre plural)
  - mañanas
  - tardes
  - noches
  - semanas

=

- Cada (+ nombre singular)
  - día
  - lunes/martes...
  - fin de semana
  - mes
  - verano/invierno
  - año
  - mañana
  - tarde
  - noche
  - semana

Vamos al restaurante todos los sábados.

Voy al gimnasio cada jueves.

Los días de la semana
lunes
martes
miércoles
jueves
viernes
sábado
domingo

▶ **Posición:** Pueden ir al principio o al final de la frase.
Cada jueves voy al gimnasio. Voy al gimnasio cada jueves.
Todos los sábados vamos al cine. Vamos al cine todos los sábados.
Todos los días como en el trabajo. Como en el trabajo todos los días.

CON UNA VEZ, DOS/TRES... VECES

- Una vez, Dos/Tres... veces, Varias/Muchas veces
  - al día   *Vamos al restaurante cuatro veces al mes.*
  - al mes   *Vamos al cine tres veces al mes.*
  - al año
  - a la semana
  - por semana   *Voy al gimnasio dos veces por semana.*

▶ **Posición:** Al principio o al final de la frase.
Una vez a la semana voy al gimnasio. Voy al gimnasio una vez a la semana.
Cuatro veces al mes vamos al cine. Vamos al cine cuatro veces al mes.

15 EXPRESAR FRECUENCIA

1 Ordene las expresiones (+ → −).

___ Dos veces por semana.
___ Una vez al mes.
___ Cada fin de semana.
___ Tres veces al mes.
_1_ Todos los días.
___ Nunca.
___ Casi nunca.
___ Cada verano.

2 Normalmente, ¿con qué frecuencia se realizan estas actividades? Relacione.

Todas las noches •
Varias veces al día •
Una vez al año •

• Acostarse •
• Comer •
• Desayunar •
• Irse de vacaciones •
• No trabajar •
• Hablar por teléfono •

• Todos los domingos
• Cuatro veces al día
• Una vez al día

3 Relacione.

Nunca voy al gimnasio. •
Voy a la discoteca cada sábado. •
Vamos al restaurante japonés dos veces al mes. •
Lola va a la piscina tres veces por semana. •
Siempre vas al trabajo en autobús. •
Todos los miércoles voy a clases de inglés. •
Jugamos al tenis a menudo. •

• Nos encanta el sushi.
• No tienes coche.
• Quiero viajar a Estados Unidos.
• No tengo tiempo.
• Nos encanta el deporte.
• Me encanta bailar.
• Le gusta nadar.

4 Conteste a las preguntas según el modelo.

1. cenar con amigos (yo)   a menudo   _Ceno con amigos a menudo._
2. viajar al extranjero (él)   todos los veranos   _____
3. escuchar la radio (Ud.)   cada mañana   _____
4. navegar por Internet (tú)   de vez en cuando   _____
5. viajar en avión (vosotros)   cinco veces al año   _____
6. leer el periódico (nosotros) cada día   _____

5 Complete las preguntas con las expresiones más adecuadas de la lista.

¿Con qué frecuencia...
1. tomas café con leche?   2. vais a la playa?   3. van al cine?
4. va a esquiar?   5. ves la tele?   6. viajas en barco?

_2_ Todos los veranos.   ___ Todas las noches.   ___ Cada mañana.
___ Tres veces al mes.   ___ Nunca.   ___ Todos los inviernos.

EXPRESAR FRECUENCIA 15

6) Complete el texto con las expresiones de la lista.

Todos los jueves   Todas las mañanas   Cada fin de semana
Todos los días   Siempre   a menudo

Todas las mañanas me levanto a las siete. _____ voy al trabajo en autobús. _____, como en un pequeño restaurante con mis compañeros. Mi trabajo es muy interesante y viajo _____ a Francia. _____, después del trabajo, voy a clases de alemán. _____, como en casa de mis padres.

7) ¿Con qué frecuencia realiza usted las siguientes actividades?

Ir al cine.

Levantarse tarde.

Cenar con amigos.

Ver la tele.

Comer pescado.

Viajar en avión.

Ir de copas.

Fregar los platos.

8) Escriba tres cosas o actividades que usted realiza...

todas las mañanas   _____   _____   _____

cada verano   _____   _____   _____

muchas veces por semana   _____   _____   _____

y no realiza... nunca   _____   _____   _____

16 LOS INTERROGATIVOS

EN LA CALLE

Elena:	Necesito un bolso para la boda de Raquel.
Elvira:	Mira, estos son muy bonitos.
Elena:	No sé… ¿tú cuál prefieres?
Elvira:	El azul.
Elena:	¿Cuánto vale? Setenta euros. Qué caro, ¿no? ¿Vamos a otra tienda?
Elvira:	Vale. Oye, ¿cuándo se casa Raquel?
Elena:	El 14 de agosto.
Elvira:	¿Con quién vas a ir a la boda?
Elena:	Con Juan.

El camarero:	Buenos días. ¿Qué van a tomar?
Emilio:	¿Cuál es la especialidad de la casa?
El camarero:	La paella.
Emilio:	Pues, paella para mí.
Sonia:	¿Qué es la ensalada de la huerta?
El camarero:	Es una ensalada de verduras.
Sonia:	¿Y qué lleva?
El camarero:	Tomates, zanahorias, pimientos…
Sonia:	Uf… No, no, eh… Pollo asado por favor.

Alicia:	Por favor, ¿cómo puedo ir a la Plaza Mayor?
Fernando:	Tienes que coger el autobús.
Alicia:	¿Qué línea es?
Fernando:	La 3.
Alicia:	¿Y cuántas paradas son?
Fernando:	No lo sé, dos o tres.
Alicia:	¿Dónde está la parada?
Fernando:	Mira, ahí, delante de la tienda de bolsos.
Alicia:	Gracias.

LOS INTERROGATIVOS

▶ ¿Dónde? / ¿Cuándo?
- Localizar en el espacio.
- Localizar en el tiempo.

¿Dónde está la parada de autobús?
¿Cuándo se casa Raquel?

▶ ¿Cómo?
- ¿Cómo + **ser**?
  - Preguntar por características.

¿Cómo es el novio de Raquel?
– Es muy simpático.

- ¿Cómo + **verbo**?
  - Preguntar sobre el medio o la manera.

¿Cómo puedo ir a la Plaza Mayor?
– En autobús.

  - Pedir información sobre personas y cosas.

¿Cómo se llama el novio de Raquel?
– Alberto.

▶ ¿Qué?
- ¿Qué + **ser**?
  - Identificar cosas.

¿Qué es la ensalada de la huerta?
– Es una ensalada de verduras.

- ¿Qué + **verbo**?
  - Preguntar sobre cosas.

¿Qué vas a comprar?
– Un bolso.

  - Preguntar sobre acciones.

¿Qué haces?
– Estoy comiendo.

- ¿Qué + **nombre** (que indica cantidades, edades, números, medidas) + **verbo**?

¿Qué hora es?
– Las dos.
¿Qué edad tienes?
– Treinta años.
¿Qué distancia hay hasta la Plaza?
– Un kilómetro.

- ¿**Por** qué?
  - Preguntar sobre la causa.

¿Por qué Elena no compra el bolso?
– Porque es muy caro.

▶ ¿Cuánto? / ¿Cuántos? / ¿Cuántas?
- ¿Cuánto + **verbo**?
  - Preguntar por cantidades.

¿Cuánto vale el bolso?
– Setenta euros.

- ¿Cuántos/Cuántas + **nombre plural** + **verbo**?
  - Preguntar por cantidades.

¿Cuántos hermanos tienes?
– Dos.

▶ ¿Quién? / ¿Quiénes?
- Preguntar sobre la identidad de personas.

¿Quién es Raquel?
– Una amiga de Elena.

▶ ¿Cuál? / ¿Cuáles?
- Identificar personas o cosas dentro de una categoría.

¿Cuál prefieres?
– El azul.
¿Cuál es la especialidad de la casa?
– La paella.

- **Los interrogativos siempre llevan tilde en la sílaba tónica.**
  ¿Cómo? ¿Dónde? ¿Cuál? ¿Quién?
- **Siempre se pone ¿ al comienzo de la frase interrogativa.**
  ¿Qué hora es?

LOS INTERROGATIVOS

1. Dónde, cuándo, cómo.

a. Relacione cada pregunta con su respuesta.

- ¿Cuándo llega José? — El martes.
- ¿Dónde está el mercado? — Al lado de la iglesia.
- ¿Cuándo vas a casa de Luis? — El sábado por la tarde.
- ¿Cómo se llama tu marido? — Antonio.
- ¿Cómo es el nuevo director? — Es muy amable.
- ¿Dónde pongo los libros? — Sobre la mesa.
- ¿Cómo vas al trabajo? — En metro.

b. Complete con dónde, cuándo, cómo.

1. ¿__Dónde__ está el diccionario?
2. ¿_____ sale su avión?
3. ¿_____ viven José y Emilia?
4. ¿_____ es su nuevo coche?
5. ¿_____ empieza el partido?
6. ¿_____ se apellida Carmen?

2. Qué, por qué, quién, quiénes.

a. Escriba las preguntas.

¿Qué es el gazpacho?   ¿Qué vas a hacer el sábado?   ¿Con quién vais a ir a Barcelona?
¿Por qué no quieres ir al cine con nosotros?   ¿Quiénes estudian inglés con usted?

1. ¿Qué vas a hacer el sábado? — Voy a descansar.
2. _____ — Porque no me gusta la película.
3. _____ — Con unos amigos.
4. _____ — Es una sopa fría.
5. _____ — Dos compañeros de trabajo.

b. Complete con qué, por qué, quién, quiénes.

1. ¿__Qué__ haces los domingos? – Voy a casa de mis padres.
2. ¿_____ hora es? – Las cuatro y media.
3. ¿_____ ha llamado esta mañana? – Verónica.
4. ¿_____ es la chica morena? – Es una amiga de Cristina.
5. ¿_____ llegas tarde? – Porque hay mucho tráfico.
6. ¿_____ quieres tomar? – Una cerveza.
7. ¿_____ asistirán a la reunión? – La secretaria y el director.

3. Cuánto, cuántos, cuántas. Relacione las dos partes de cada frase.

- ¿Cuánto cuestan — estos libros?
- ¿Cuántas personas — trabajan aquí?
- ¿Cuántos idiomas — hablas?
- ¿Cuánto dura — la película?

LOS INTERROGATIVOS 16

4) Cuál, cuáles. Complete con cuál o cuáles.

1. ¿_Cuál_ es tu libro favorito?
2. ¿_____ es su dirección?
3. ¿De todos estos libros, _____ no le gusta?
4. Me gustan todos estos zapatos; y tú ¿_____ prefieres?
5. ¿_____ es la capital de Noruega?

5) Observe las palabras en gris y escriba las preguntas correspondientes.

- Voy al gimnasio todos los lunes. — ¿Cuándo vas al gimnasio?
- Juan llega a las tres.
- El libro está sobre la mesa.
- En mi clase hay quince estudiantes.
- Voy al trabajo en metro.
- Mi número de teléfono es el 922 36 22 44.

6) Complete la siguiente entrevista de trabajo con los interrogativos de la lista.

Cuándo   Por qué   Dónde   Qué   Cuántos   Cuándo   Cuál   Cuántos

- ¿_Dónde_ estudió?
- En la Universidad de Salamanca.

- ¿_____ idiomas habla?
- Tres, español, inglés y alemán.

- ¿_____ años trabajó en la Iberotext?
- Cuatro años.

- ¿_____ se marchó de Iberotext?
- En 1999.

- ¿_____ se marchó de Iberotext?
- Porque me fui a Londres a hacer un máster.

- ¿_____ es su deporte favorito?
- El fútbol.

- ¿_____ hace usted en su tiempo libre?
- Leo, voy al cine y escucho música.

- ¿_____ puede usted empezar a trabajar?
- Me puedo incorporar inmediatamente.

17 LOS ADJETIVOS, género y número

AL SALIR DEL CINE

Ricardo: Bueno, ¿qué tal la película?
Julia: Lenta, muy larga, muy mala.
Ricardo: ¡No! Es una película muy entretenida y original.
Julia: ¡Qué va! Es la típica película de amor, al final todos son felices…
Ricardo: ¡No! Es una gran historia de amor.
Julia: ¡Es un rollo!
Ricardo: ¡No, mujer! Tiene un buen guión.
Julia: ¿Un buen guión? ¿Qué dices? Es muy malo, no hay acción, casi me duermo…
Ricardo: Bueno, vale… La semana que viene vamos a ver una de acción con efectos especiales.

Cristina: ¿Te ha gustado la película?
Sergio: Sí, es muy interesante y realista.
Cristina: Los personajes principales son muy buenos.
Sergio: Penélope Banderas es perfecta en el papel de la joven americana.
Cristina: Y Antonio Cruz es… ¡genial!
Sergio: Bueno, ¿qué quieres hacer ahora?
Cristina: ¿Vamos al nuevo pub de la calle Molina a tomar una copa?
Sergio: ¡Vale!

LOS ADJETIVOS, género y número

FORMACIÓN DEL FEMENINO

MASCULINO	FEMENINO
Adjetivos en o pequeño largo bueno (1) malo (1)	-o → -a pequeña larga buena mala
Adjetivos en e interesante grande (2)	Invariables interesante grande (2)
Adjetivos en -or trabajador	+ -a trabajadora
Otros adjetivos en consonante original joven feliz gris	Invariables original joven feliz gris

☞ **No varían:**
- **Los adjetivos en -ista**
  Un hombre optimista
  Una mujer optimista
- **Los adjetivos de color en -a**
  Un jersey rosa/naranja/violeta
  Una falda rosa/naranja/violeta

☞ (1) *bueno, malo* → *buen, mal*
cuando preceden a un nombre masculino.
Un buen libro. Un libro bueno.
Un mal alumno. Un alumno malo.

(2) *grande* → *gran*
cuando precede a un nombre masculino o femenino.
Un gran país. Un país grande.
Una gran empresa. Una empresa grande.

FORMACIÓN DEL PLURAL

SINGULAR	PLURAL
Terminados en vocal mala bueno interesante	+ -s malas buenos interesantes
Terminados en consonante (excepto z) especial espectacular gris	+ -es especiales espectaculares grises
Terminados en -z feliz	-z > -ces felices

☞ Los adjetivos en -en llevan una tilde en plural en la antepenúltima sílaba:
joven → *jóvenes*

El plural de *marrón* es *marrones*. (sin tilde).

17 LOS ADJETIVOS, género y número

1) Forme frases según el modelo.

- Juan es simpático. → Alica también es simpática.
- Raúl es alto. → Natalia _____
- Paca es rubia. → Julián _____
- María es baja. → Pedro _____
- Luisa es graciosa. → Carlos _____
- José es tímido. → Marta _____

2) Marque con X los adjetivos que tienen la misma forma en masculino y femenino.

☒ especial	☐ corto	☐ joven	☐ caliente	☐ eficaz
☐ azul	☐ enorme	☐ deportista	☐ interesante	☐ juvenil
☐ gris	☐ barato	☐ sincero	☐ feliz	☐ ligero
☐ egoísta	☐ grande	☐ encantador	☐ estrecho	☐ agradable
☐ verde	☐ ideal	☐ rosa	☐ marrón	☐ profundo

3) Relacione. Use dos adjetivos cada vez.

- Mi amigo Alberto es •
- Barcelona es una ciudad •
- Mi nuevo coche es •
- La nueva profesora es •
- No me gusta esta novela, es •

- • y gracioso.
- • grande
- • pero muy autoritaria.
- • simpático
- • rápido
- • y potente.
- • y aburrida.
- • y bonita.
- • competente
- • larga

4) Escriba los contrarios. Luego complete según el ejemplo.

pequeño   frío   largo   alegre   hermoso   fácil   generoso

MASCULINO		FEMENINO	
grande → pequeño		grande → pequeña	
triste → _____		_____ → _____	
difícil → _____		_____ → _____	
corto → _____		_____ → _____	
egoísta → _____		_____ → _____	
caliente → _____		_____ → _____	
feo → _____		_____ → _____	

LOS ADJETIVOS, género y número   17

5) Escriba los masculinos o femeninos correspondientes.

Julio es un buen estudiante. → Laura es una _____buena_____ estudiante.

Estados Unidos es un país muy _____. → Atenas es una ciudad muy grande.

Alberto es un profesor muy bueno. → Alicia es una profesora muy _____.

Ahora es un _____ momento. → Es una mala idea.

Es un buen libro. → Es una _____ novela.

6) Ponga los adjetivos en plural.

- azul → azules
- joven
- marrón
- original
- acogedor
- amable
- espectacular
- eficaz
- genial
- amarilla
- natural
- fácil
- gris
- divertida
- hablador

7) Lea las dos descripciones, luego escriba los seis puntos en común.

Antonio es alto y delgado. Es moreno y tiene el pelo rizado. Es joven, tiene veintitrés años. Es alegre, simpático, encantador, trabajador, inteligente, fiel y optimista.

José es alto y gordo. Es moreno y tiene el pelo liso. Está casado, no tiene hijos. Es joven, tiene veinte años. Es inteligente, tímido, serio, sincero, fiel y trabajador.

Antonio y José son... altos

8) Relacione y escriba los adjetivos en la forma correcta.

- Estas cantantes son muy • → • famoso — famosas.
- Estos libros son • → • interesante
- En invierno las noches son • → • fácil
- Estos ejercicios son • → • trabajador
- Las nuevas empleadas son • → • moderno
- Los muebles de mi casa son • → • largo

18 ADJETIVOS con SER y ESTAR

EN EL RESTAURANTE

Paloma: ¿Qué tal tu pescado?
José: Está muy rico. ¿Y la sopa?
Paloma: Está muy buena, pero está muy caliente. Me gusta mucho este restaurante.
José: A mí también. Es pequeño y muy bonito. Los camareros son atentos y agradables y el servicio es rápido.
Paloma: Bueno, ¿qué tal tu nuevo trabajo? ¿Estás contento?
José: Sí, me gusta mucho y mis compañeros son muy simpáticos.

Marta: Oiga, aquí hace mucho calor, ¿no?
Camarero: Sí, lo siento, el aire acondicionado está estropeado. ¿Han elegido?
Antonio: Sí, una paella para dos.
Camarero: Muy bien. Estará lista en veinte minutos.

Antonio: ¿Por qué no ha venido Paloma a cenar con nosotros?
Marta: Es que la niña está mala.
Antonio: ¿Pero Paloma ha dado a luz?
Marta: Sí, el doce de junio.
Antonio: ¿Y cómo es la niña?
Marta: Es muy guapa, muy guapa, la verdad. Es morena, tiene unos ojos azules muy bonitos, su nariz es… bueno, preciosa, preciosa, su boca es pequeñita…
Antonio: Es tu sobrina, ¿no?
Marta: Sí, ¿por qué?
Antonio: No, nada… nada…

ADJETIVOS con SER y ESTAR

USOS DE SER + ADJETIVOS

SER indica características permanentes.
- Describir lugares y objetos: *El restaurante es pequeño. Las mesas son rectangulares. Las cortinas son azules.*
- Describir personas, físicamente: *Paloma es rubia. José es alto y delgado.*
- Describir el carácter de las personas: *Los compañeros de Paloma son simpáticos. Los camareros son agradables.*

USOS DE ESTAR + ADJETIVOS

ESTAR indica características no permanentes (que dependen de circunstancias) y estados.
- Estados físicos:
  Julia está cansada.
- Estados anímicos:
  Paloma está contenta.
- Estado de los lugares y de las cosas:
  El restaurante está lleno. (Porque hay muchos clientes.)
  El aire acondicionado está estropeado. (Porque el motor se ha roto.)
  Las ventanas están abiertas. (El camarero las ha abierto.)
- Siempre se usan con estar:
  - *solo/a: El señor de gafas está solo.*
  - *satisfecho/a: Los clientes están satisfechos.*
  - *prohibido: En el restaurante está prohibido fumar.*

☞ **Más adjetivos**
- **Estados físicos:** agotado, enfermo, embarazada.
- **Estados anímicos:** enfadado, preocupado, deprimido, inquieto, enamorado, triste.
- **Estados de lugares y cosas:** limpio/sucio, vacío/lleno, roto, nuevo/viejo, pasado de moda.

CONTRASTE

Algunos adjetivos cambian de significado si se emplean con SER o ESTAR.

	SER	ESTAR
bueno/a	(una persona, un animal) honesto, cariñoso: *Mi gato es muy bueno.* (algo) beneficioso para la salud, de buena calidad: *Comer fruta es bueno para la salud. Este libro es muy bueno.*	(un alimento) delicioso: *La sopa está buena.*
malo/a	(una persona, un animal) agresivo: *Este perro es malo.* (algo) perjudicial para la salud, de mala calidad: *Fumar es malo para la salud. Esta película es mala.*	(un alimento) que no gusta: *El pescado está malo.* (una persona) enfermo: *Juan está malo, tiene la gripe.*
listo/a	inteligente: *Este alumno es muy listo.*	preparado: *La cena está lista.*
rico/a	que tiene mucho dinero: *Pablo es rico.*	(un alimento) delicioso: *El besugo está rico.*
verde	color: *Mi vestido es verde.*	(una fruta) no madura: *Los plátanos están verdes.*
atento/a	amable: *Los camareros son atentos con los clientes.*	que presta atención: *Los alumnos están atentos.*

18 ADJETIVOS con SER y ESTAR

1

a. Indique a qué se refieren estos adjetivos y si se usan con ser o con estar.

	Descripción de un lugar	Descripción de una cosa	Físico de una persona	Rasgos del carácter	Estado físico	Estado anímico	Estado (cosa o lugar)
delgadas			ser				
enfadado							
larga							
roto							
antipáticos							
enferma							
grande							
estropeada							

b. Ahora, asocie cada adjetivo de la actividad a. a un nombre y escriba frases con ser o estar.

Alberto   la falda   la casa   Pepe y Luis   la tele   Elena y Clara   Beatriz   el reproductor de CD

- Elena y Clara son delgadas.
-
-
-
-
-
-

2

Relacione los contrarios y escriba una frase con ser o estar.

La sopa está fría. • • vacías
Tus pantalones son estrechos. • • aburrida
Las botellas están llenas. • • caliente   La sopa está caliente.
Raúl es egoísta. • • tranquila
La película es divertida. • • anchos
Paco es bajo. • • malo
Estás inquieta. • • generoso
Este hombre es pobre. • • limpios
El pollo asado está rico. • • alto
Los vasos están sucios. • • rico

3

Complete con ser o con estar y escriba el número de la explicación junto a cada frase.

1. Porque no encuentra trabajo. 2. Porque es domingo. 3. Siempre se ríe. 4. Tiene un catarro.
5. Porque cocinas fatal. 6. Tiene vitaminas. 7. Porque se va de vacaciones. 8. Estudia mucho.

a. Tu sopa de pescado ___está___ muy mala. _5_   e. La fruta _____ buena para la salud. ___
b. Alicia _____ muy alegre. ___   f. Julia _____ muy contenta. ___
c. Jorge _____ deprimido. ___   g. Las tiendas _____ cerradas. ___
d. Felipe _____ enfermo. ___   h. Este alumno _____ listo. ___

ADJETIVOS con SER y ESTAR 18

4) Describa a estos personajes según el modelo.

Santiago Llamas: alto, moreno, gracioso, preocupado

Santiago Llamas es alto y moreno. Es gracioso.
Hoy está preocupado.

María Robles: baja, rubia, sociable, enferma

Ernesto González: alto, castaño, optimista, enfadado

5) Complete las respuestas con ser o con estar y los adjetivos de la lista.

buena, verdes, malo, lista, rica, mala, verde, atento

- ¿Hoy no vas a trabajar? — No, _estoy_ (yo) _malo_. ❶
- ¿Por qué no compras las peras? — Porque _____. ❷
- ¿Vamos al cine ahora? — No, todavía no _____ (yo) _____. ❸
- ¿De qué color es tu nuevo coche? — _____. ❹
- ¿Qué tal la tarta de fresas? — _____ muy _____. ❺
- Tú comes fruta todos los días. — Sí, _____ para la salud. ❻
- ¿No ves la película? — No me gusta, _____ muy _____. ❼
- No entiendo lo que dice el profesor. — Porque no _____ (tú) _____. ❽

6) Describa los siguientes objetos y personas con ser o con estar y los adjetivos más adecuados.

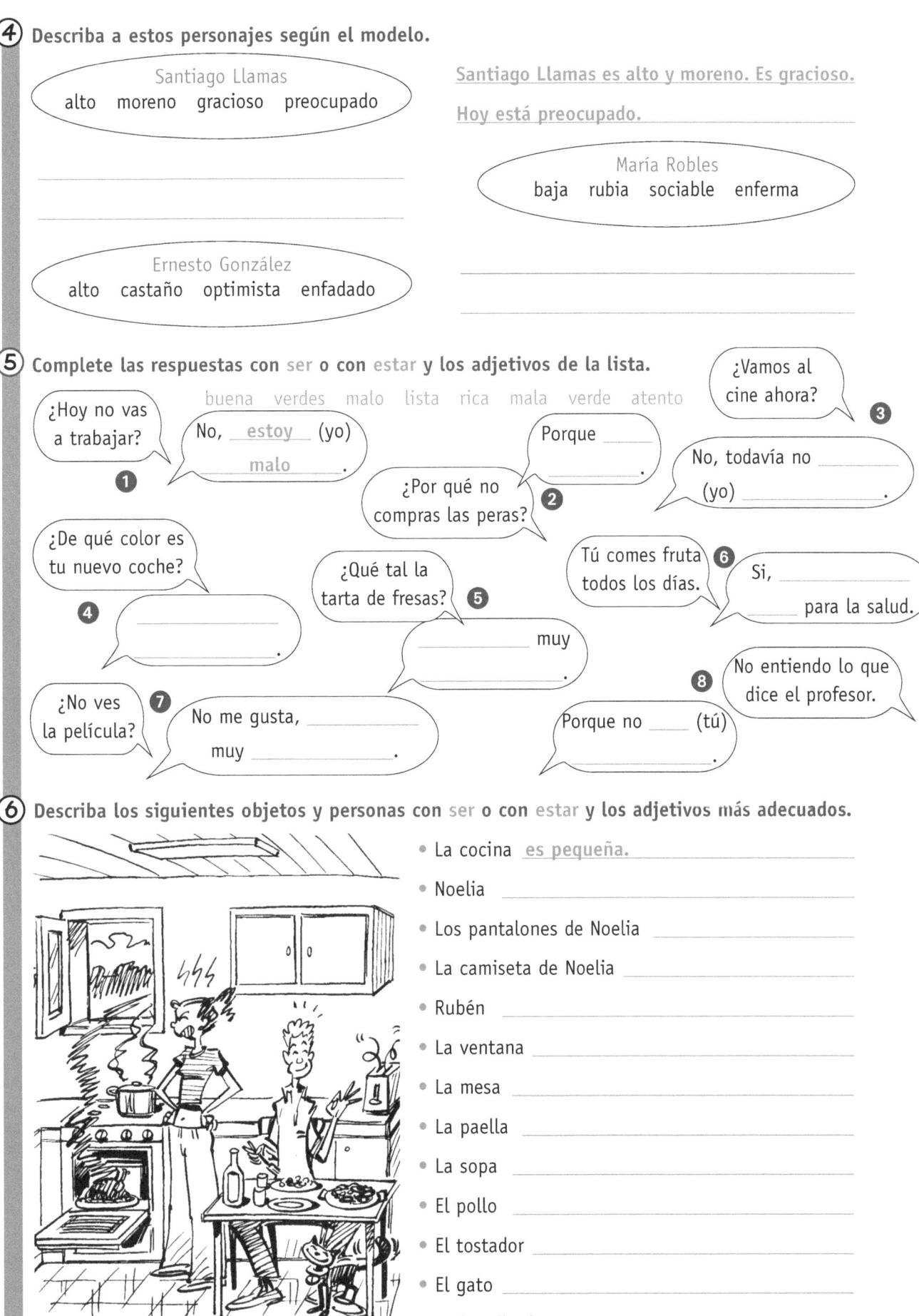

- La cocina _es pequeña._
- Noelia _____
- Los pantalones de Noelia _____
- La camiseta de Noelia _____
- Rubén _____
- La ventana _____
- La mesa _____
- La paella _____
- La sopa _____
- El pollo _____
- El tostador _____
- El gato _____
- La botella de agua _____

19 LOS COMPARATIVOS

EN LA AGENCIA INMOBILIARIA

Empleado:	Tengo tres pisos, uno en la calle Olivares, otro en la calle Méndez y otro en la plaza Cataluña.
Lucía:	¿Y cómo son?
Empleado:	Pues… el piso de la calle Olivares tiene más habitaciones que los otros; tiene cuatro y los otros, tres. Y el piso de la plaza Cataluña es menos antiguo que los otros.
Lucía:	Sí, pero no es tan céntrico como el de la calle Olivares. ¿Cuánto cuesta el alquiler del piso de la calle Méndez?
Empleado:	Setecientos noventa euros.
Lucía:	Uf… No sé… Es muy caro.
Empleado:	El de la calle Olivares es caro, pero tiene menos luz que los otros.
Lucía:	No sé…
Empleado:	A ver… Tengo uno muy bonito en la calle Espina; no tiene tantas habitaciones como los otros, pero es muy céntrico.
Lucía:	No sé… Esa calle está más lejos de mi oficina que las otras.
Empleado:	Vamos a ver… ¿Usted dónde trabaja?
Lucía:	En la calle Mártires.
Empleado:	Pues el piso de la calle Méndez le viene fenomenal.
Lucía:	No sé… es que es muy caro. ¿Cuánto cuesta el alquiler del piso de la plaza Cataluña?
Empleado:	Ochocientos euros.
Lucía:	¡Es más caro que el de la calle Méndez!
Empleado:	Sí, pero es una zona muy buena.
Lucía:	No sé… ¿Tiene otros?
Empleado:	No, lo siento. Si quiere vamos a ver el piso de la calle Méndez, es precioso, el salón da a un jardín…
Lucía:	No sé… Volveré mañana.

LOS COMPARATIVOS

COMPARATIVOS CON ADJETIVOS

- Superioridad: **más** + adjetivo + **que**:
  El piso de la plaza Cataluña es más caro que el piso de la calle Méndez.
- Inferioridad: **menos** + adjetivo + **que**:
  El piso de la plaza Cataluña es menos antiguo que los otros.
- Igualdad: **tan** + adjetivo + **como**:
  El piso de la plaza Cataluña no es tan céntrico como el piso de la calle Olivares.

COMPARATIVOS CON ADVERBIOS

- Superioridad: **más** + adverbio + **que**:
  Esa calle está más lejos de mi oficina que las otras.
- Inferioridad: **menos** + adverbio + **que**:
  El piso de la calle Méndez está menos lejos de la oficina de Lucía que los otros.
- Igualdad: **tan** + adverbio + **como**:
  El piso de la plaza Cataluña no está tan cerca del centro como el piso de la calle Olivares.

COMPARATIVOS CON NOMBRES

- Superioridad: **más** + nombre + **que**:
  El piso de la calle Olivares tiene más habitaciones que los otros.
- Inferioridad: **menos** + nombre + **que**:
  El piso de la calle Olivares tiene menos luz que los otros.
- Igualdad: **tanto** + nombre masculino singular + **como**:
  Los clientes de la agencia no se quedan tanto tiempo como Lucía.
- **tantos** + nombre masculino plural + **como**:
  La agencia Casabién no tiene tantos pisos como la agencia Pisoplús.
- **tanta** + nombre femenino singular + **como**:
  El piso de la plaza Cataluña no tiene tanta luz como los otros.
- **tantas** + nombre femenino plural + **como**:
  Los otros clientes no hacen tantas preguntas como Lucía.

- más bueno, más buena → mejor
  más malo, más mala → peor
- más grande = mayor
  más pequeño, más pequeña = menor
- Para el tamaño, se pueden usar las dos formas.
Mi casa es más grande que la tuya.
= *Mi casa es mayor que la tuya.*
- Para la edad, sólo se usan mayor, menor.
Julia es mayor que Pedro.
Noelia es menor que José.

- más bien → mejor
- más mal, más mala → peor
Sofía cocina mejor que Natalia.
Natalia habla inglés peor que Sofía.

19 LOS COMPARATIVOS

1. Comparativos con adjetivos.

a. Observe las ilustraciones y complete las frases con más ... que, menos ... que, tan ... como.

 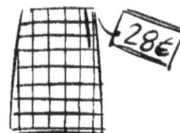   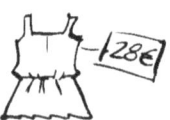

1. La falda de rayas es ___más___ cara ___que___ la falda de cuadros.
2. La falda de rayas es _____ larga _____ la falda de cuadros.
3. Los pantalones grises son _____ anchos _____ los pantalones blancos.
4. Los pantalones grises son _____ caros _____ la falda de rayas.
5. El vestido es _____ corto _____ la falda de rayas.
6. El vestido es _____ barato _____ la falda de cuadros.

b. Complete las frases con los adjetivos de la lista.

    ligero contaminado rápido alto antiguo interesante

1. El tren sale de Madrid a las dos y llega a Barcelona a las doce.
   El avión sale de Madrid a las cinco y llega a Barcelona a las siete menos diez.
   • El avión es más ___rápido___ que el tren.
2. El portátil pesa tres kilos y el ordenador de sobremesa ocho.
   • El portátil es más _____ que el ordenador de sobremesa.
3. Esta revista y esta novela me gustan mucho.
   • La revista es tan _____ como la novela.
4. Miguel mide 1,63 m y Raúl 1,76.
   • Miguel es menos _____ que Raúl.
5. La torre tiene 500 años y el castillo 650.
   • El castillo es más _____ que la torre.
6. En la ciudad hay muchos coches y muchas fábricas. En el campo no.
   • El campo está menos _____ que la ciudad.

2. Comparativos con nombres.
Relacione. Complete las frases con más, menos, tanto, tantos, tantas.

Clara tiene tres hijos y Luis también. •	• Clara tiene _____ hermanas que Luis.
Clara trabaja ocho horas al día y Luis siete. •	• Clara tiene _____ trabajo como Luis.
Clara tiene una hermana y Luis dos. •	• Clara trabaja _____ horas que Luis.
Clara y Luis siempre tienen mucho trabajo. •	• Clara tiene _____ amigas como Luis.
Clara y Luis tienen muchas amigas. •	• Clara tiene ___tantos___ hijos como Luis.

LOS COMPARATIVOS 19

3 **Comparativos con adverbios. Complete las frases con** más ... que, menos ... que, tan ... como.

1. Lola se levanta a las seis y media y Nuria a las siete.
   - Nuria se levanta __más__ tarde __que__ Lola.
2. El hotel está a ocho kilómetros de la playa y el camping a cinco kilómetros.
   - El camping está _____ lejos de la playa _____ el hotel.
3. Ricardo y Andrés juegan muy mal al tenis.
   - Ricardo juega al tenis _____ mal _____ Andrés.
4. Sara empieza a trabajar a las ocho y Antonio a las ocho y media.
   - Sara empieza a trabajar _____ temprano _____ Antonio.
5. Por la autopista los coches pueden ir a 120 km/h y por la carretera a 100 km/h.
   - Por la autopista los coches pueden ir _____ rápidamente _____ por la carretera.

4 **Compare.**

Empresa Editel	Empresa Sanitex
• 160 empleados	• 90 empleados
• Sueldo medio mensual: 1.350 €	• Sueldo medio mensual: 1.450 €
• Horarios: 9.00-14.00, 15.00-18.00	• Horarios: 9.30-14.30, 16.00-19.00
• Vacaciones: 29 días al año	• Vacaciones: 26 días al año
• Situada a 20 km del centro	• Situada a 20 km del centro

dinero   horas   grande   tarde   vacaciones   empleados   lejos del centro

1. Editel tiene __más empleados que__ Sanitex.
2. Editel es _____ que Sanitex.
3. Editel está _____ como Sanitex.
4. Los empleados de Editel ganan _____ los empleados de Sanitex.
5. Los empleados de Sanitex trabajan _____ los empleados de Editel.
6. Los empleados de Sanitex empiezan a trabajar _____ que los empleados de Editel.
7. Los empleados de Sanitex tienen _____ que los empleados de Editel.

5 **¿Qué sabe usted de Hispanoamérica? Complete las frases con los comparativos más adecuados. Luego compruebe sus respuestas en Internet y en un mapa.**

1. Honduras tiene __menos__ kilómetros cuadrados __que__ Ecuador.
2. México tiene _____ habitantes _____ Argentina.
3. Buenos Aires está _____ cerca del mar _____ La Paz.
4. Paraguay linda con _____ países _____ Colombia.
5. Venezuela tiene _____ kilómetros de costa _____ Chile.

20 LOS POSESIVOS, adjetivos y pronombres

EN LA RECEPCIÓN DEL HOTEL

— Señor Cubero, su taxi está delante de la puerta.
— Y el mío, ¿cuándo va a llegar?
— El suyo va a llegar en un momento, no se preocupe.

Recepcionista 1:	Aquí tiene su paraguas y sus maletas.
Señora López:	Las maletas son mías, pero el paraguas no; el mío es gris.
Recepcionista 1:	Perdone. Aquí está.

— Habitación 145, aquí tiene sus llaves. Si desea cenar en el hotel, nuestro restaurante abre a las ocho.
— Muchas gracias.

Nuria:	¿Quedamos dentro de un cuarto de hora en mi habitación o en la tuya?
Carolina:	En la mía, mejor. Oye, ¿me prestas tu móvil para llamar a mis padres?
Nuria:	Sí, claro. Toma.
Rafa:	Perdona, ¿son tuyas estas gafas?
Carolina:	A ver… ¡Sí! Muchas gracias.

LOS POSESIVOS, adjetivos y pronombres

ADJETIVOS

Poseedor	SINGULAR		PLURAL	
	MASCULINO	FEMENINO	MASCULINO	FEMENINO
yo	mi		mis	
tú	tu		tus	
usted	su		sus	
él, ella	su		sus	
nosotros/as	nuestro	nuestra	nuestros	nuestras
vosotros/as	vuestro	vuestra	vuestros	vuestras
ustedes	su		sus	
ellos, ellas	su		sus	

▶ **Usos**
- Indicar posesión:
  Mi bolso.
  Sus maletas.
- Indicar una relación entre dos personas o cosas:
  Mi habitación.
  Mis padres.

PRONOMBRES

Poseedor	SINGULAR		PLURAL	
	MASCULINO	FEMENINO	MASCULINO	FEMENINO
yo	mío	mía	míos	mías
tú	tuyo	tuya	tuyos	tuyas
usted	suyo	suya	suyos	suyas
él, ella	suyo	suya	suyos	suyas
nosotros/as	nuestro	nuestra	nuestros	nuestras
vosotros/as	vuestro	vuestra	vuestros	vuestras
ustedes	suyo	suya	suyos	suyas
ellos, ellas	suyo	suya	suyos	suyas

▶ **Usos**
- Con el verbo **ser**: para indicar o preguntar quién es el propietario de un objeto.
  ¿De quién son estas gafas? – Son mías. (*mías* → el propietario de las gafas soy yo)
  ¿Son tuyas estas gafas? (*tuyas* → el propietario de las gafas eres tú)
- Con los artículos determinados, sustituyen al nombre.
  Este no es mi paraguas, el mío es gris.

20 LOS POSESIVOS, adjetivos y pronombres

1 Complete según el modelo.

YO: el coche → mi coche; los perros ___; las gafas ___; la casa ___

TÚ: el piso ___; la goma ___; los libros ___; las amigas ___

ÉL/ELLA: las tarjetas ___; el gato ___; los zapatos ___; la bici ___

NOSOTROS: el padre ___; la ciudad ___; las hermanas ___; los primos ___

VOSOTROS: el instituto ___; las amigas ___; los perros ___; la madre ___

ELLOS/ELLAS: las compañeras ___; la academia ___; el profesor ___; los amigos ___

2 Julio está enamorado de Alicia. Complete el texto con los adjetivos posesivos que faltan.

¡Ay, Alicia, Alicia! Me gusta _tu_ pelo, me gusta ___ boca, me gustan ___ ojos, me encantan ___ brazos y ___ piernas... Sueño que estamos en ___ casa con ___ perro, con ___ hijos, solos, sin ___ madre (___ futura suegra), sin ___ hermanos (___ futuros cuñados)... ¡Ay, Alicia, Alicia!

3 Transforme según el modelo.

1. Tengo un perro muy mimoso. — Mi perro es muy mimoso.
2. Tenemos unos profesores muy simpáticos. —
3. Tienen una casa muy grande. —
4. Tienes una chaqueta muy elegante. —
5. Tenéis unos amigos muy graciosos. —
6. Tengo unas compañeras de piso estupendas. —
7. Bea tiene un piso muy moderno. —

LOS POSESIVOS, adjetivos y pronombres   20

④ Transforme.

mi bolígrafo	Es mío.	sus zapatos (Lucía)	_____
mis gafas	_____	nuestros libros	_____
tu gato	_____	vuestro piso	_____
su ordenador (Ud.)	_____	su piso (Uds.)	_____

⑤ Complete el cuadro según el modelo.

tu casa
- Yo — Tu casa es más grande que la mía.
- Ella — Tu casa es más grande que la suya.
- Nosotros — Tu casa es más grande que la nuestra.
- Ellos — Tu casa es más grande que la suya.

tus amigos
- Yo — Tus amigos son más divertidos que _____
- Ella — Tus amigos son más divertidos que _____
- Nosotros — Tus amigos son más divertidos que _____
- Ellos — Tus amigos son más divertidos que _____

tu móvil
- Yo — Tu móvil tiene más funciones que _____
- Ella — Tu móvil tiene más funciones que _____
- Nosotros — Tu móvil tiene más funciones que _____
- Ellos — Tu móvil tiene más funciones que _____

⑥ Observe el cuadro. Luego escriba los posesivos adecuados.

Tú	Ud.	Vosotras
un portátil gris	una regla de plástico	un móvil con cámara
unas tijeras grandes	unos lápices azules	unas llaves pequeñas
una mochila grande	un rotulador verde	unos bolis rojos

1. José, ¿es ___tuyo___ este portátil negro? – No, ___el mío___ es gris.
2. Señor Toledo, ¿son _____ estos lápices verdes? – No, _____ son azules.
3. José, ¿son _____ estas tijeras pequeñas? – No, _____ son grandes.
4. Nuria y Belén, ¿son _____ estos bolis? – No, _____ son rojos.
5. Nuria y Belén, ¿es _____ este móvil? – No, _____ tiene cámara.
6. Señor Toledo, ¿es _____ esta regla de madera? – No, _____ es de plástico.
7. Señor Toledo, ¿es _____ este rotulador negro? – No, _____ es verde.
8. José, ¿es _____ esta mochila verde? – No, _____ es grande.

21 LOS DEMOSTRATIVOS, adjetivos y pronombres

EN LA ACADEMIA DE IDIOMAS

Álex:	Mira, estas son Clara y Verónica, estudian inglés.
Manu:	Hola, ¿qué hay? Soy Manu. Soy comercial en una empresa internacional y estudio francés para mi trabajo.
Clara:	Hola.
Verónica:	Hola.
Álex:	Oye Manu, ¿quién es ese chico rubio cerca de la ventana?
Manu:	Es Miguel, estudia inglés. Y esa chica morena es la profesora de portugués.
Álex:	¿Y aquellos chicos, al fondo?
Verónica:	Son Roberto y Carlos, estudian alemán.
Manu:	¿Conoces a aquella chica junto a la máquina de café?
Verónica:	Sí, es la profesora de español.
Manu:	¿Quién quiere un café? Invito yo.
Álex:	¿Un café? ¡Tú nunca tomas café!

- Oye ¿me, puedes decir cuál es el aula 13?
- Sí mira, es aquella al fondo, al lado de la máquina de café.
- ¿De quién es todo esto?
- ¡Es mío!

LOS DEMOSTRATIVOS, adjetivos y pronombres

ADJETIVOS DEMOSTRATIVOS

Indican la posición del nombre con relación a la persona que habla.

¿Dónde está/n?	SINGULAR		PLURAL	
	MASCULINO	FEMENINO	MASCULINO	FEMENINO
AQUÍ	este	esta	estos	estas
AHÍ	ese	esa	esos	esas
ALLÍ	aquel	aquella	aquellos	aquellas

▶ **Posición:** Siempre van delante del nombre.
¿Quién es *ese chico* rubio cerca de la ventana?
Y *esa chica* morena es la profesora de portugués.
¿Conoces a *aquella chica* junto a la máquina de café?

 También se usan en las expresiones temporales:
- *esta* mañana, *esta* tarde, *esta* noche, *esta* semana
- *este* mes, *este* año, *este* verano, *este* fin de semana
- *estas* vacaciones

PRONOMBRES DEMOSTRATIVOS

¿Dónde está/n?	SINGULAR		PLURAL	
	MASCULINO	FEMENINO	MASCULINO	FEMENINO
AQUÍ	este	esta	estos	estas
AHÍ	ese	esa	esos	esas
ALLÍ	aquel	aquella	aquellos	aquellas
	NEUTROS			
AQUÍ	esto			
AHÍ	eso			
ALLÍ	aquello			

¿Me puedes decir cuál es el aula 13? – Es *aquella* al fondo, al lado de la máquina de café.
Mira, *estas* son Clara y Verónica, estudian inglés.
¿De quién es todo *esto*?

21 LOS DEMOSTRATIVOS, adjetivos y pronombres

1) Complete el cuadro.

AQUÍ	AHÍ	ALLÍ
esta chica	_____ revistas	_____ restaurante
_____ platos	_____ hombre	_____ postales
_____ profesoras	_____ aula	_____ libros
_____ autobús	_____ relojes	_____ tarta

2) Relacione.

esta lámpara • ——— • AQUÍ •   • estos CD
aquella foto •   • esas tiendas
este portátil •   • aquel coche
ese sillón •   • AHÍ •
esa falda •   • estas manzanas
                    • ALLÍ •   • estos zapatos
aquellas chicas •

3) Ponga las siguientes frases en femenino singular y en femenino plural.

1. Este chico es simpático.   _Esta chica es simpática._   _Estas chicas son simpáticas._
2. Aquel hombre es mi tío.   _____   _____
3. Ese señor es el director. _____   _____
4. Aquel dependiente es amable. _____   _____
5. Este actor es joven.   _____   _____
6. Ese estudiante es hablador. _____   _____
7. Este alumno es inteligente. _____   _____

4) Complete las frases con adjetivos demostrativos.

- ¡Mmm! _Esta_ paella está muy rica.
- ¿Quiénes son _____ chicos de allí?
- ¿Vamos a _____ tienda, al final de la calle?
- ¿Qué estás haciendo?
- ¿Me puede enseñar _____ zapatos de ahí?
- Mira, he comprado _____ vestido, ¿te gusta?
- El trabajo para mañana, pero no sé hacer _____ ejercicio de vocabulario.
- He encontrado _____ gafas, ¿sabes de quién son?
- ¿Puedo pagar con _____ tarjeta?

LOS DEMOSTRATIVOS, adjetivos y pronombres

5) Relacione.

Este vestido es muy bonito. •   • Esta no me gusta nada.
Aquella casa me encanta. •   • Aquella es la secretaria.
Esas chicas son amables. •   • Estos son muy aburridos.
Aquellos libros son interesantes. •   • Aquel es muy feo.
Esta mujer es la profesora. •   • Esos son de José.
Estos CD son de Julián. •   • Estas son desagradables.

6) Forme frases según el modelo.

1. esta (Paula) / aquella (Noemí) _Esta es Paula y aquella es Noemí._
2. este (Arturo) / esos (Marcos y Julián) _____
3. estas (María y Luisa) / aquellos (Pablo y Raúl) _____
4. esos (mis hermanos) / aquellas (mis vecinas) _____
5. este (mi primo) / aquella (madre) _____
6. estos (mis abuelos) / estas (tías) _____

7) Transforme, según el modelo.

1. este / aquel

    Este no me gusta, prefiero aquel.

2. esa / aquella

3. esta / esa

4. aquellas / estas

5. esos / aquellos

6. esas / estas

7. esos / estos

8) Complete las frases con esto, eso o aquello.

Toma, _esto_ es para ti.

¿Qué es ....?

¡Mira ....!

¿De quién es ....?

22 LOS PRONOMBRES PERSONALES COMPLEMENTO

LLAMANDO A UNA EMPRESA

Telefonista:	Grupo Ele, buenos días.
Señor Morales:	Buenos días. ¿Me pone con Marta Lorenzo por favor?
Telefonista:	Lo siento, está reunida, no la puedo interrumpir. ¿Quiere dejarle algún recado?
Señor Morales:	Sí, por favor. Soy José Morales, ¿puede decirle que no he recibido los contratos y que los necesito para hoy?
Telefonista:	Por supuesto.
Señor Morales:	Gracias. Adiós.
Telefonista:	Grupo Ele, buenos días.
Señora Cobos:	Buenos días. Con el señor Castillo, por favor.
Telefonista:	Me dice su nombre, por favor.
Señora Cobos:	Sí, soy Esther Cobos.
	[…]
Telefonista:	Está hablando por otra línea. ¿Espera?
Señora Cobos:	No, lo llamaré dentro de diez minutos. Gracias. Adiós.
Álvaro:	Carolina, soy Álvaro. ¿Te ha dado Juan las fotocopias del informe?
Telefonista:	Sí, están aquí. ¿Las necesitas ahora?
Álvaro:	No, no, gracias.
Nuria:	Carolina, soy Nuria. Hoy vamos a ir a comer un poco más tarde; el director comercial nos ha dado un trabajo urgente.
Telefonista:	Si quieres, os espero.
Nuria:	Vale, luego te llamo.
Telefonista:	Hasta luego.

LOS PRONOMBRES PERSONALES COMPLEMENTO

OBJETO DIRECTO

1ª persona singular	*me*
2ª persona singular	*te*
3ª persona masculino/singular	*lo/le**
3ª persona femenino/singular	*la*
usted	*lo/la/le**
3ª persona neutro	*lo*
1ª persona plural	*nos*
2ª persona plural	*os*
3ª persona masculino/plural	*los/les**
3ª persona femenino/plural	*las*
ustedes	*los/las/les**

☞
- Los pronombres lo/los se refieren a personas o cosas de género masculino.
  Veo un coche. → *Lo veo.*
  Leo unos libros. → *Los leo.*
  Miras a un hombre. → *Lo miras.*
  Miramos a los chicos. → *Los miramos.*
- * Los pronombres le/les sólo se refieren a *personas* de sexo masculino.
  Miras a un hombre. → *Lo miras. Le miras.*
  Miramos a los chicos. → *Los miramos.*
  Les miramos.

▶ POSICIÓN

Van delante del verbo (excepto en imperativo afirmativo, infinitivo y gerundio).
- Los contratos   *Los necesito para hoy.*
- A vosotros   *Si quieres, os espero.*
- El señor Castillo   *Lo llamaré dentro de diez minutos.*

Con *querer/poder* + infinitivo	→ Ver página 35
Con *ir a* + infinitivo	→ Ver página 51
Con *estar* + gerundio	→ Ver página 55

OBJETO INDIRECTO

1ª persona singular	*me*
2ª persona singular	*te*
3ª persona masculino/singular	*le*
3ª persona femenino/singular	*le*
a usted	*le*
1ª persona plural	*nos*
2ª persona plural	*os*
3ª persona masculino/plural	*les*
3ª persona femenino/plural	*les*
a ustedes	*les*

▶ POSICIÓN

- Van delante del verbo (excepto en imperativo afirmativo, infinitivo y gerundio).
  ¿Te ha dado Juan las fotocopias del informe?
  El director comercial nos ha dado un trabajo urgente.
  Me dice su nombre, por favor.

Con *querer/poder* + infinitivo	→ Ver página 35
Con *ir a* + infinitivo	→ Ver página 51
Con *estar* + gerundio	→ Ver página 55

22 · LOS PRONOMBRES PERSONALES COMPLEMENTO

1) Complete con me, le/lo, la, os, les/los, te, las, nos.

a mí	a ti	a Juan	a Lola
<u>Me</u> esperas a las dos.	__ he visto en el cine.	__/__ veo mañana.	__ conozco muy bien.
__ llamas a las tres.	__ escuchamos.	__/__ estoy esperando.	Pedro __ quiere mucho.
a nosotros	**a vosotros**	**a mis amigos**	**a mis hermanas**
__ llamas mañana.	__ veo todos los días.	__/__ quiero.	__ llamo a menudo.
No __ esperas.	__ miramos.	__/__ invito a mi casa.	__ estoy escuchando.

2) Relacione. Complete las frases con lo, la, los, las.

¿Conoces a Julio? • • Sí, ya ____ hemos terminado.
¿Ha visto la película? • • ____ escucho por la mañana.
¿Habéis terminado los ejercicios? • • ____ compro en el mercado.
¿Cuándo escuchas las noticias? • • No, no <u>lo</u> conozco.
¿Dónde coges el autobús? • • ____ cojo en la calle Goya.
¿Dónde compra Ud. la fruta? • • Sí, ____ he visto esta tarde.

3) Conteste a las preguntas según el modelo.

1. ¿A qué hora preparas la cena? A las ocho. **La preparo a las ocho.**
2. ¿Dónde pones los libros? En la estantería. _____
3. ¿Cuándo llamas a tus padres? Los domingos. _____
4. ¿Cuándo me invitas al restaurante? El sábado. _____
5. ¿Dónde compras las revistas? En el quiosco. _____

4) ¿Qué hacen con...? Escriba frases según el modelo y con los verbos de la lista.

leer   beber   escuchar   ver   escribir   hacer   vender   comprar

1. Marta / los libros — **Los lee.**
2. Luis / el CD
3. Elena / la tele
4. la dependienta / las peras
5. los estudiantes / los ejercicios
6. ellos / el café
7. Emilia / el e-mail
8. el cliente / la revista

LOS PRONOMBRES PERSONALES COMPLEMENTO — 22

5 Transforme.

Mandas un e-mail. / A MÍ — Me mandas un e-mail.
Mando un e-mail. / A TI
Mando un e-mail. / A ÉL
Mando un e-mail. / A ELLA
Mandas un e-mail. / A NOSOTROS
Mando un e-mail. / A VOSOTROS
Mando un e-mail. / A ELLOS
Mando un e-mail. / A ELLAS

6 Transforme el texto según el modelo.

a mí
Raquel me ha invitado a su fiesta.
Me ha enseñado su casa.
Me ha presentado a sus amigos.

a ti
Raquel te ha invitado a su fiesta.

a ellas

a nosotros

7 Relacione las dos partes de cada frase.

Me duele la cabeza, • — • ¿me das una aspirina?
El lunes es el cumpleaños de Nuria, • — • ¿te compro unos sellos?
Cuando voy a casa de mis amigos, • — • ¿nos pone dos cervezas?
Voy al estanco, • — • siempre les llevo flores.
Camarero, por favor, • — • ¿le regalamos un libro?
Esta tarde el profesor • — • os da los resultados del examen.

8 Vuelva a escribir las frases usando pronombres complemento directo e indirecto.

1. ¿Has visto a Malena? — Sí, he visto a Malena y he dado a Malena el libro.
   Sí, la he visto y le he dado el libro.

2. ¿Has llamado al camarero? — Sí, he llamado al camarero y he pedido el menú al camarero.

3. ¿Has llamado a tus amigos? — Sí, he llamado a mis amigos y he explicado cómo venir a mis amigos.

4. ¿Has visto a Inma y Luisa? — No, no he visto a Inma y Luisa pero he mandado un e-mail a Inma y Luisa.

5. ¿Has escrito a Paula? — Sí, he escrito a Paula y he contado mis vacaciones a Paula.

23 LA FORMA NEGATIVA

AL TELÉFONO

Marina:	Sí, ¿dígame?
Ernesto:	Hola Marina, soy Ernesto. ¿Esta tarde vamos a tomar algo por ahí?
Marina:	No, esta tarde no puedo, voy a casa de una amiga.
Ernesto:	¿Quieres ir al cine esta noche? En el Olimpia ponen una película de aventuras, muy buena.
Marina:	No, no me gustan las películas de aventuras.
Ernesto:	¿Y mañana por la noche? Podemos cenar en el nuevo restaurante argentino, tienen una carne excelente.
Marina:	No, yo nunca como carne, ya sabes que soy vegetariana.
Ernesto:	Ah… Bueno… ¿Seguro que no quieres ir a tomar algo por ahí?
Marina:	Que no, que esta tarde no puedo. Voy a casa de una amiga.
Ernesto:	Chica, no quieres salir nunca. Por cierto, ¿te ha llamado Julio esta mañana?
Marina:	No, no me ha llamado nadie.
Ernesto:	Ah… Bueno… Es que he quedado con él para ir a tomar algo por ahí.
Marina:	¿Has quedado con Julio?
Ernesto:	Sí, a las cinco en el Acrópolis.
Marina:	Vale, hasta luego.
Ernesto:	¿Pero esta tarde no vas a casa de una amiga?
Marina:	No, no, esta tarde no tengo nada que hacer. ¡Así, no puedes decir que nunca quiero salir contigo!

LA FORMA NEGATIVA

NO + verbo

Marina *no quiere* salir con Ernesto.
Esta tarde *no puedo*.

NO + verbo + NUNCA / NUNCA + verbo

Marina *no come nunca* carne.
Marina *nunca come* carne.
Marina *no sale nunca* con Ernesto.
Marina *nunca sale* con Ernesto.

NO + verbo + NADA

Sobre la mesa del salón *no hay nada*.
No tengo nada que hacer.
No quiere nada.

NO + verbo + NADIE / NADIE + verbo

No hay nadie con Marina.
Hoy *no ha llamado nadie*.
Hoy *nadie ha llamado*.

☞ **Con el pretérito perfecto**
No siempre va **antes de haber**.
Julio *no* **ha** llamado a Marina.
Hoy Marina *no* **ha** ido al gimnasio.
No **ha** comido nunca en un restaurante argentino.
No **ha** hecho nada.

Con pronombres personales
No siempre va **antes del pronombre**.
No **le** gustan las películas de aventuras.
No **me** ha llamado nadie.
No **se** ha quedado en casa.

23 · LA FORMA NEGATIVA

1) Matías y Carlos son mellizos, pero tienen gustos muy diferentes. Escriba frases según el modelo.

Matías / Carlos

- Hace deporte los fines de semana. — **No hace** deporte los fines de semana.
- Escucha música clásica. —
- Va al cine los domingos. —
- Lee novelas de acción. —
- Le gusta la playa. —
- Sabe cocinar. —

2) Conteste negativamente.

- ¿Elena tiene hermanos? — No, Elena no tiene hermanos.
- ¿Ángel vive en Toledo? —
- ¿Olga es española? —
- ¿Está lloviendo? —
- ¿Hace frío? —

3) Transforme.

Nunca van al cine.	**No** van **nunca** al cine.
	No salimos nunca los domingos.
Nunca tomo café.	
	No has estado nunca en Segovia.
Eva nunca se levanta antes de las siete.	
	Pedro no ha viajado nunca en AVE.

4) Complete las frases con los verbos de la lista en presente y Nunca o No... nunca.

invitar   navegar   llover   comer   jugar   coger

1. Fermín es vegetariano. _____ Nunca come _____ carne.
2. A Marta no le gustan los ordenadores. _____ por Internet.
3. Jaime siempre va al trabajo en coche. _____ el metro.
4. Santiago es muy tacaño. _____ a sus amigos a cenar.
5. A Pedro no le gusta el deporte. _____ al fútbol.
6. El Sáhara es una región muy seca. En el Sáhara _____

LA FORMA NEGATIVA   23

5 Conteste a las preguntas usando nada.

- ¿Qué hay sobre la mesa? — Sobre la mesa no hay nada.
- ¿Qué ha hecho Félix hoy? _____
- ¿Ha oído algo? _____
- ¿Elena ha comprado algo? _____
- ¿Necesita algo? _____
- ¿Quiere comer algo? _____
- ¿Qué hace hoy? _____

6 a. Relacione las dos partes de cada frase.

¿Ha llamado alguien? • • 1 No, no ha escuchado nadie el CD.
¿Alguien te ha visto? • • 2 No quiere ir nadie.
¿Quién quiere ir al cine? • • 3 No, no me ha visto nadie.
¿Ha venido alguien esta tarde? • • 4 No, no ha llamado nadie.
¿Quién ha hablado con Patricia? • • 5 No ha hablado nadie con ella.
¿Alguien ha escuchado el CD? • • 6 No, no ha venido nadie.

b. Transforme las respuestas del ejercicio a.

1. _____
2. _____
3. _____
4. **No, nadie** ha llamado.
5. _____
6. _____

7 Complete la conversación con no, nunca, nada, nadie.

Belén   ___No___ tengo ganas de cocinar y no hay _____ en la nevera, ¿vamos a comer a un restaurante chino?

Nuria   ¡Fenomenal! _____ he probado comida china.

Belén   ¿Tomamos algo antes de irnos?

Nuria   Yo ahora _____ quiero tomar _____, _____ tengo sed. ¿Llamamos a Juan y vamos los tres?

Belén   Vale, pero _____ tengo su teléfono.

Nuria   Le llamo yo a su casa. _____ hay _____, seguro que ha salido. Pues vamos las dos.

Belén   Vale. Esperamos un poco, aún es pronto, a esta hora todavía _____ hay _____ en el restaurante. ¿Seguro que _____ quieres tomar _____?

Nuria   Pues... una cerveza.

24 PREPOSICIONES DE LUGAR – Oposición ESTÁ(N)/HAY

LA MUDANZA

Hombre 1:	Bueno, señora, ¿dónde está la cocina?
Señora Burgos:	Ahí, a la derecha. Y las sillas de la terraza, ¿dónde están las sillas de la terraza?
Hombre 1:	En el ascensor, ahora las cogemos.
Hombre 2:	¿Dónde pongo estas cosas?
Señora Burgos:	A ver… El piano… a la derecha de la ventana. No, no, a la izquierda. El sofá, en el rincón enfrente de la puerta, sí, sí, ahí está muy bien. Y la estantería a la derecha de la ventana, enfrente del sofá.
Hombre 1:	¿Y esta mesa ?
Señora Burgos:	Junto al sofá, y la alfombra debajo de la mesa. Los sillones, entre la estantería y la mesa. A ver… ¿Qué más…? ¡Ah, la planta! A la derecha de la ventana. ¡Cuidado, que es muy frágil! No, ahí no, entre la ventana y la estantería. Oiga, ¿dónde está la tele?
Hombre 1:	En el camión, ahora la subimos.
Hombre 2:	¿Dónde ponemos esta silla?
Señora Burgos:	Junto al piano. A ver… La mesa de trabajo, contra la pared, entre la puerta y el sofá. La otra silla, junto a la mesa de trabajo, y el ordenador, sobre la mesa. No, a la izquierda de la mesa, a la izquierda.
Hombre 1:	Bueno, ya está.
Señora Burgos:	Pues muchas gracias.
Hombre 2:	¿Sabe dónde hay una cafetería por aquí cerca para comer este mediodía?
Señora Burgos:	Sí, hay una cafetería al final de esta calle, y también hay dos bares.
Hombres:	Muy bien. Adiós.

PREPOSICIONES DE LUGAR

delante del **jarrón**

detrás del **jarrón**

debajo del **jarrón**

encima del / *sobre el* **jarrón**

a la derecha del **jarrón**

a la izquierda del **jarrón**

junto al / *al lado del* **jarrón**

entre los **jarrones**

contra el **jarrón**

dentro del / *en el* **jarrón**

enfrente del **jarrón**

ESTÁ / ESTÁN

- Está / Están se usan para **situar** en el espacio.

El sillón **está** enfrente de la puerta.

La mesa **está** al lado del sofá.

Los muebles **están** en el camión.

Tus plantas **están** detrás del sofá.

Mi piano **está** en el salón.

> **Está/Están** se usan con:
> - Los **artículos determinados**.
> - Los **adjetivos posesivos**.

HAY

- Hay se usa para hablar de la **existencia**.

Hay un sofá al lado de la ventana.

Hay una alfombra debajo del sofá.

En la estantería **hay** libros.

En esta calle **hay** dos bares.

En el camión **hay** muchos muebles.

> **Hay** se usa con:
> - Los **artículos determinados**.
> - Los **nombres en plural**.
> - Los **numerales**.
> - **Mucho(s), mucha(s)**.

24. PREPOSICIONES DE LUGAR – Oposición ESTÁ(N)/HAY

1 ¿Dónde está el lápiz?

1. debajo del estuche
2. _____
3. _____
4. _____
5. _____
6. _____
7. _____
8. _____
9. _____
10. _____

2 Relacione las dos partes de cada frase.

¿Dónde está tu coche? • • Está debajo del escritorio.
¿Dónde está el profesor? • • Está enfrente de la farmacia.
¿Dónde está la papelera? • • Está sobre la mesa.
¿Dónde está el jardín? • • Está en el garaje.
¿Dónde está la panadería? • • Está detrás de la casa.
¿Dónde está el diccionario? • • Está delante de la pizarra.

3 Forme frases según el modelo; use las preposiciones de la lista.

en   sobre   dentro de   debajo de   entre   enfrente de   detrás de

1. Las verduras / la nevera   Las verduras están **en** la nevera.
2. La lámpara / la mesilla _____
3. El patio / la casa _____
4. La ropa / el armario _____
5. La alfombra / el sofá _____
6. La cocina / el comedor _____
7. La librería / el estanco, correos _____

4 Conteste según el modelo; use las palabras de la lista.

museos y galerías de arte   un sillón muy cómodo   cinco libros
mesas, sillas y una pizarra   muchas tiendas

1. ¿Qué hay en la habitación?   En la habitación hay un sillón muy cómodo.
2. ¿Qué hay en el centro comercial? _____
3. ¿Qué hay sobre el estante? _____
4. ¿Qué hay en Madrid? _____
5. ¿Qué hay en el aula? _____

PREPOSICIONES DE LUGAR – Oposición ESTÁ(N)/HAY

5) Lea el texto y dibuje los muebles de la habitación.

- A la derecha de la puerta hay una cama.
- Entre la cama y la pared hay una mesilla de noche.
- Sobre la cama hay tres cojines.
- A la izquierda de la cama hay una alfombra.
- Debajo de la ventana hay una mesa de trabajo.
- Delante de la mesa de trabajo hay una silla.

- Enfrente de la puerta hay un armario.

6) Complete con hay, está o están.

1. ¿Dónde _____ una panadería, por favor?
2. El cine _____ en la calle General Ricardos.
3. Las oficinas _____ en la tercera planta.
4. Mi abuelo _____ en el salón.
5. En la plaza _____ tres bocas de metro.
6. ¿Dónde _____ mis libros?
7. En la plaza _____ muchos árboles.
8. Tus llaves _____ sobre la mesa.

7) Conteste personalmente.

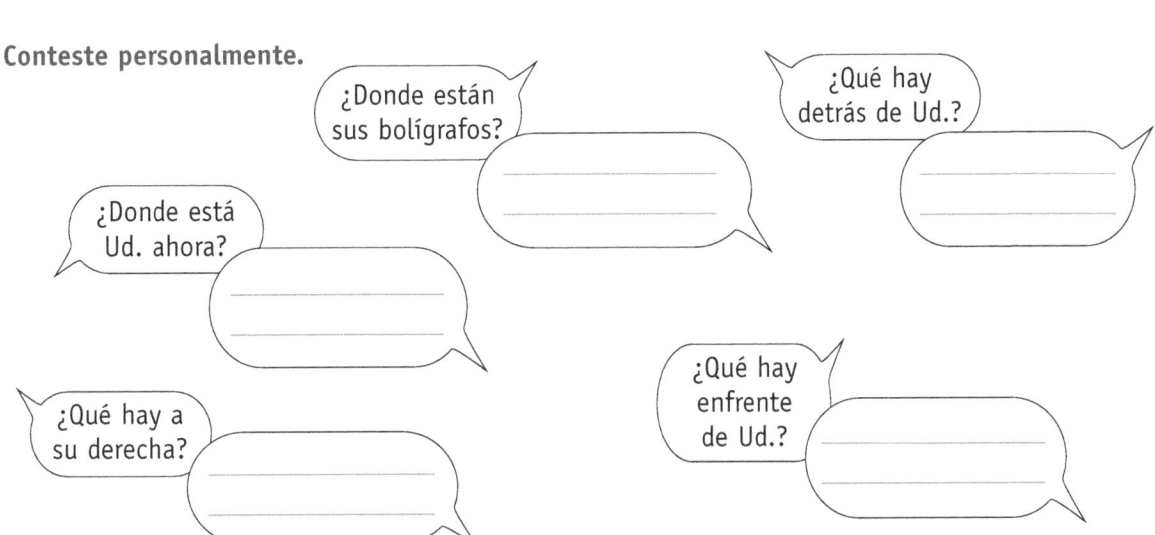

25 EXPRESAR CANTIDAD

ENSEÑANDO EL NUEVO PISO

Victoria:	¡Hola!
Concha:	¡Hola! Pasa, pasa, que te enseño el piso. El salón.
Victoria:	¡Qué bonito! Me gusta mucho. ¡Tienes muchas plantas!
Concha:	Mira… la cocina.
Victoria:	¡Pues es muy bonita, eh!
Concha:	Sí, y tiene mucha luz. La habitación de la niña.
Victoria:	¡Qué grande!
Concha:	Sí, en el otro piso era demasiado pequeña. Ahora tiene mucho espacio para jugar con sus amiguitas. Mira, nuestra habitación.
Victoria:	¡Qué grande también! Da a la calle, ¿no? ¿No hay demasiado ruido por la noche?
Concha:	No, ¡qué va! Es una calle muy tranquila, por la noche pasan pocos coches. Y este es el baño.
Victoria:	Precioso, precioso, de verdad.
Concha:	Sí, pero es interior y tiene poca luz.
Victoria:	Pues me encanta tu piso.
Concha:	Y está muy cerca del colegio de la niña. Además, está muy bien comunicado.
Victoria:	Pero, ¿no está demasiado lejos de tu oficina?
Concha:	No, qué va. En metro son ocho estaciones. Bueno, ¿vamos a la terraza a tomar algo?
Victoria:	¿Es que también tiene terraza? ¡Qué suerte!

EXPRESAR CANTIDAD

MUY

- muy + adjetivo:
  La cocina es muy bonita.
  La habitación de la niña es muy grande.
- muy + adverbio:
  El piso está muy cerca del colegio.
  Está muy bien comunicado.

DEMASIADO / DEMASIADO(S), DEMASIADA(S)

- verbo + demasiado:
  Victoria no tarda demasiado en llegar al trabajo.
- demasiado + adjetivo:
  La habitación es demasiado pequeña.
- demasiado + adverbio:
  ¿No está demasiado lejos de tu oficina?
- demasia**o** + nombre masculino singular:
  No hay demasiado ruido por la noche?
- demasia**os** + nombre masculino plural:
  La calle es tranquila, no pasan demasiados coches.
- demasia**a** + nombre femenino singular:
  A las nueve y media no hay demasiada gente en el metro.
- demasia**as** + nombre femenino plural:
  No tardo mucho en llegar al trabajo, no hay demasiadas estaciones de metro.

MUCHO / MUCHO(S), MUCHA(S)

- verbo + mucho:
  A Concha le gusta mucho el piso de su amiga.
  La niña juega mucho en su habitación.
- much**o** + nombre masculino singular:
  En la calle no hay mucho ruido.
- much**os** + nombre masculino plural:
  La niña tiene muchos amigos.
- much**a** + nombre femenino singular:
  El piso tiene mucha luz.
- much**as** + nombre femenino plural:
  Victoria tiene muchas plantas.

POCO(S), POCA(S)

- poc**o** + nombre masculino singular:
  En el otro piso, la niña tenía poco espacio para jugar.
- poc**os** + nombre masculino plural:
  Por la noche pasan pocos coches.
- poc**a** + nombre femenino singular:
  El baño tiene poca luz.
- poc**as** + nombre femenino plural:
  Hay pocas estaciones de metro hasta la oficina.

25 EXPRESAR CANTIDAD

1 Relacione.

Me encanta esta película. • — • Es muy interesante.
Hay que coger el coche para ir al cine. • • Es muy tarde.
Lo siento, tengo que irme. • • Es muy barato.
No voy a comprar el vestido. • • Está muy cerca.
Siempre voy a la oficina andando. • • Está muy lejos.
El diccionario cuesta siete euros. • • Es muy feo.

2 Complete con demasiado, demasiados, demasiada o demasiadas.

1. No me gusta coger el metro, siempre hay ____demasiada____ gente.
2. José está cansado, últimamente trabaja _____.
3. Hoy Nuria tiene _____ cosas que hacer, no tiene tiempo para llamar a Ramón.
4. He comido _____, ahora me duele el estómago.
5. Hay _____ libros en la estantería, se va a romper.
6. Hoy no vamos a salir, hace _____ frío.
7. He perdido el tren, he llegado _____ tarde a la estación.

3 Complete con mucho, muchos, mucha o muchas.

¿Qué haces los fines de semana? — Leo ____mucho____.

¿Es grande tu empresa? — Sí, tiene _____ empleados.

¿Quieres un refresco? — Sí, tengo _____ sed.

¿Tu barrio está bien comunicado? — Sí, tiene _____ paradas de autobús.

¿Te gusta el gazpacho? — Sí, me gusta _____.

4 Complete con mucho, muchos, mucha, muchas, poco, pocos, poca, pocas.

1. Pablo tiene siete hermanos. → Pablo tiene ____muchos____ hermanos.
2. En la estantería hay dos libros. → En la estantería hay _____ libros.
3. Han venido sólo tres personas a la reunión. → Ha venido _____ gente a la reunión.
4. Tengo media hora para comer. → Tengo _____ tiempo para comer.
5. Gerardo trabaja once horas diarias. → Gerardo trabaja _____ horas.
6. En la parada de autobús hay veinte personas. → Hay _____ gente en la parada de autobús.
7. Hoy tengo que redactar cinco informes. → Hoy tengo _____ trabajo.
8. Marisa sólo tiene dos compañeras de trabajo. → Marisa tiene _____ compañeras de trabajo.

EXPRESAR CANTIDAD 25

5 Relacione.

El AVE es un tren • —————————————————— • jugar el tenis.
Hoy hemos trabajado •   **muy**   • rápido.
Barcelona es una ciudad •   • caliente.
Me gustan •   • bien inglés.
El café está •   • simpática.
Julia es •   **mucho**
Paco es representante, viaja •   • despacio.
Santiago habla •   • las novelas policíacas.
A Emilio le gusta •   • pronto.
El profesor de inglés habla • **mucho.**   • grande.
Hoy me he levantado •

6 Complete las conversaciones en la parada de autobús.

muchas   demasiado   pocas   demasiado   mucho   muy   mucho
demasiado   muy   mucho   demasiado   demasiada

①

Raquel ¡Hoy tarda ____**mucho**____ el autobús!

Antonia Sí, hoy hay _____ tráfico.

Raquel Hasta mi casa hay _____ paradas; voy a volver andando, seguro que llego antes.

Antonia Pues yo voy a esperar el autobús, estoy _____ cansada para volver andando.

Raquel Oye, ¿qué vas a hacer este fin de semana?

Antonia Tengo que terminar un informe.

Raquel Chica... ¡Trabajas _____!

②

José Mira, hay _____ gente en la cola.

Javier Sí, y seguro que vamos a tener que esperar _____. ¿Cogemos un taxi?

José ¡Hay _____ tráfico! El cine está _____ lejos. Son las siete y la sesión empieza a las siete y media, vamos a llegar _____ tarde.

Javier ¿Qué hacemos? Tengo _____ ganas de ver esa película; todo el mundo dice que es _____ buena.

José ¿Vamos a la sesión de las nueve y media?

Javier ¡Estupendo!

26 EL IMPERATIVO AFIRMATIVO

MENSAJES EN EL CONTESTADOR

Hoy es sábado y son las once de la mañana.
David se acaba de levantar y escucha los mensajes en su contestador.

Hola. En estos momentos no estoy en casa, pero mi contestador sí. Hable con él: espere la señal y deje su mensaje.

Hijo, soy mamá. Despierta, que son ya las ocho. Recuerda que esta tarde tienes que ir a casa de la abuela, que es su cumpleaños. Ve en autobús, porque allí no se puede aparcar. Hasta luego hijo.

David, soy Lucas. ¿Dónde te metes? Mira, esta noche vamos a ir todos a casa de Lucía. Vive en la calle Embajadores en el número tres, tercero A. Para ir es muy sencillo: sube hasta la plaza de América, tuerce la segunda a la derecha, sigue recto y gira la primera a la izquierda. Adiós.

Hijo, soy mamá otra vez. Ven mañana con Marina a comer, voy a hacer paella. Adiós hijo.

Hola, soy Marina. Si estás en casa, coge el teléfono, por favor. Esta mañana me ha llamado tu madre cinco veces. ¿Estás ahí? Bueno, te llamo luego. Un beso.

David, soy mamá. Ve a la pastelería y compra unos pastelitos para la abuela, esos de chocolate y nata, que le encantan. Adiós hijo.

David:	¿Sí?
La madre:	David, soy mamá.
David:	Hola mamá…
La madre:	¿No has escuchado mis mensajes?
David:	Sí, mamá, sí…

EL IMPERATIVO AFIRMATIVO

VERBOS REGULARES

	HABLAR	COMER	ESCRIBIR
tú	habla	come	escribe
usted	hable	coma	escriba
nosotros/as	hablemos	comamos	escribamos
vosotros/as	hablad	comed	escribid
ustedes	hablen	coman	escriban

☞
- *proteger* : proteja, protejamos, protejan
- *pagar* : pague, paguen
- *buscar* : busque, busquen
- *enviar* : envía, envíe, envíen
- *continuar* : continúa, continúe, continúen

VERBOS IRREGULARES MÁS FRECUENTES

	CERRAR (1)	ENCENDER (2)	PEDIR (3)	CONTAR (4)	VOLVER (5)	JUGAR	DORMIR
tú	cierra	enciende	pide	cuenta	vuelve	juega	duerme
usted	cierre	encienda	pida	cuente	vuelva	juegue	duerma
nosotros/as	cerremos	encendamos	pidamos	contemos	volvamos	juguemos	durmamos
vosotros/as	cerrad	encended	pedid	contad	volved	jugad	dormid
ustedes	cierren	enciendan	pidan	cuenten	vuelvan	jueguen	duerman

(1) acertar, calentar, comenzar, despertarse, empezar, fregar, merendar, pensar, sentarse...
(2) defender...
(3) corregir, despedirse, elegir, medir, seguir, servir, sonreír, vestirse...
(4) acostarse, acordarse, comprobar, costar, encontrar, probar, recordar, sonar...
(5) devolver, mover, torcer

☞
- *empezar* : empieza, empiece, empecemos, empezad, empiecen
- *fregar* : friega, friegue, freguemos, fregad, frieguen
- *torcer* : tuerce, tuerza, torzamos, torced, tuerzan
- *elegir* : elige, elija, elijamos, elegid, elijan
- *seguir* : sigue, siga, sigamos, seguid, sigan

	DECIR	HACER	IR	PONER	SALIR	VENIR
tú	di	haz	ve	pon	sal	ven
usted	diga	haga	vaya	ponga	salga	venga
nosotros/as	digamos	hagamos	vayamos	pongamos	salgamos	vengamos
vosotros/as	decid	haced	id	poned	salid	venid
ustedes	digan	hagan	vayan	pongan	salgan	vengan

- La forma vosotros/as siempre es regular.

▶ **Usos**
- Dar instrucciones:
  Sube hasta la plaza de América y tuerce la segunda a la derecha.
- Pedir acciones a otros:
  Si estás en casa, coge el teléfono, por favor.
  Ve a la pastelería y compra unos pastelitos para la abuela.
- Aconsejar:
  Ve en autobús, porque allí no se puede aparcar.

- La forma nosotros/as se usa poco. En su lugar se usa el presente de indicativo.

EL IMPERATIVO AFIRMATIVO

1) Localice las formas en la cadena de palabras.

Cadena: PREGUNTACOMPRERESPONDANREPARTECORRANAYUDALAVADBARRERESUMIDESPERADCAMBIEPREGUNTECOMPRAAYUDECORREESPERENCAMBIA

barrer, tú _barre_

resumir, vosotros _____   comprar, Ud. _____
cambiar, tú _____   cambiar, Ud. _____
repartir, tú _____   correr, Uds. _____
comprar, tú _____   preguntar, tú _____
correr, tú _____   esperar, Uds. _____
ayudar, tú _____   preguntar, Ud. _____
responder, Uds. _____   ayudar, Ud. _____
esperar, vosotros _____   lavar, vosotros _____

2) Conjugue los verbos en imperativo.

	CALENTAR	DEFENDER	PROBAR	CORREGIR
tú				
usted				
nosotros/as				
vosotros/as				
ustedes				

3) Escriba los infinitivos. Relacione.

digan _DECIR_ •
sirva _____ •
ven _____ •
salid _____ •
pongamos _____ •
vaya _____ •
haz _____ •
salgan _____ •
ve _____ •
siga _____ •
jueguen _____ •
pon _____ •
elijamos _____ •
volved _____ •

• TÚ

• USTED

• NOSOTROS

• VOSOTROS

• USTEDES

EL IMPERATIVO AFIRMATIVO 26

4) Dar instrucciones.
Ponga los verbos en imperativo (Ud.). Relacione.

- Poner **Ponga** aceite en la sartén. • • Hacer una llamada internacional.
- Pulsar _____ la tecla. • • Un director a su secretaria.
- Escribir _____ las palabras en plural. • • Receta de cocina.
- Torcer _____ a la derecha. • • Ejercicio de gimnasia.
- Marcar _____ el prefijo del país. • • Usar un software.
- Hacer _____ una copia del informe. • • Indicar un camino.
- Levantar _____ los brazos. • • Ejercicio de gramática.

5) Pedir acciones y favores.
¿Qué dicen estas personas en estas situaciones? Use la forma tú.

ir   hacer   poner   cerrar   comprar   recoger   enviar   apagar

| Dos amigos en casa de uno de ellos. La ventana está abierta y hace frío. | **Cierra** la ventana, por favor. | ___ a la panadería y ___ una barra. | Una mujer a su hija. Está preparando la cena y no tiene pan. |

| Una pareja en su casa. La película va a empezar. | Cariño, ___ la tele, por favor. | ___ las fotos a Luis por e-mail. | Dos chicos navegando por Internet. |

| Una mujer a su hijo. La habitación está muy desordenada. | ___ tu habitación. | ___ el ordenador y ___ los deberes. | Una mujer a su hijo. Está jugando con el ordenador y no ha hecho los deberes. |

6) Consejos para mejorar su español. Ponga los verbos en imperativo (Ud.) y relacione las dos partes de cada frase (escriba los números).

1. de todo lo que aprenda
2. charlas y foros
3. páginas de Internet en castellano
4. canciones en español
5. películas en versión original
6. el sentido de las palabras nuevas
7. con gente hispanohablante
8. periódicos en español en Internet

- Contactar **Contacte** a través de Internet __7__, y entrar _____ en ___.
- Escuchar _____ ___.
- Si va al cine, elegir _____ ___.
- Leer _____ ___ y buscar _____ en el diccionario ___.
- Hacer _____ resúmenes ___.
- Navegar _____ por ___.

27. IMPERATIVO AFIRMATIVO, uso con pronombres personales

EN LA COCINA

Felipe: Esta noche cocino yo.
Susana: ¡Qué bien! ¿Y qué vas a hacer?
Felipe: Una tortilla.
Susana: Estoy en el salón; si me necesitas, me llamas.
Felipe: No, no… tranquila… Es una receta muy sencilla.
A ver… para hacer una tortilla, pele las patatas, lávelas y córtelas en láminas finas. Luego, pele una cebolla grande…
Fff… ¡Qué difícil!

Veinte minutos después.

Susana: ¿Comemos? Tengo hambre.
Felipe: No, todavía no he terminado.
Susana: ¿Te ayudo?
Felipe: Vale. Toma: las cebollas. Pélalas y pícalas por favor.
Susana: ¡Me encanta pelar cebollas!
Ya está. ¿Algo más?
Felipe: Sí… Coge cuatro huevos y bátelos.
Susana: Ya está. ¿Algo más?
Felipe: Sí, mira, echa un poco de aceite en la sartén y luego guárdalo en el armario.

Quince minutos después.

Susana: ¿Pongo la mesa?
Felipe: Sí, ponla, en dos minutitos está lista la tortilla.
Ahora, siéntate y prueba la tortilla. ¿Qué te parece?
Susana: ¡Pua!
Felipe: ¿Qué pasa?
Susana: Es que… ¡Pruébala!
Felipe: ¡Pua! ¡Está cruda!

IMPERATIVO AFIRMATIVO, uso con pronombres personales

Los pronombres personales van después del verbo formando una sola palabra.

IMPERATIVO CON PRONOMBRES REFLEXIVOS TE, SE, NOS, OS, SE

tú	*levántate*
usted	*levántese*
nosotros/as	*levantémonos*
vosotros/as	*levantaos*
ustedes	*levántense*

- *levantemos* + *nos* → *levantémonos*. La s desaparece.
- *levantad* + *os* → *levantaos*. La d desaparece.
- Excepción: *id* + *os* → *idos*.

☞ *En los verbos en **-IR**, se añade una **tilde** a la **i**.*
dormid + *os* → *dormíos*.

IMPERATIVO CON PRONOMBRES COMPLEMENTO DIRECTO LE(S), LO(S), LA(S)

Pon la mesa.	*Ponla.*
Pela las cebollas.	*Pélalas.*
Escucha a Felipe.	*Escúchale.*
Bate los huevos.	*Bátelos.*

La tilde
En las formas **tú**, **usted**, **nosotros**, **vosotros** y **ustedes** de **dos o más sílabas**, hay que poner una **tilde** en la **antepenúltima** sílaba al añadir el pronombre.
siente + *se* → *siéntese*
levanta + *te* → *levántate*
escuchen el CD → *escúchenlo*
escribe las cartas → *escríbelas*

27 IMPERATIVO AFIRMATIVO, uso con pronombres personales

1 Ponga los verbos en imperativo, subraye la antepenúltima sílaba y añada las tildes.

levantarse, tú →	le**van**tate	→	lev**á**ntate
vestirse, usted →	vístase	→	vístase
acostarse, ustedes →	acuéstense	→	acuéstense
peinarse, tú →	péinate	→	péinate
acordarse, usted →	acuérdese	→	acuérdese
dormirse, tú →	duérmete	→	duérmete
acercarse, ustedes →	acérquense	→	acérquense
callarse, tú →	cállate	→	cállate
irse, usted →	váyase	→	váyase
quedarse, tú →	quédate	→	quédate
callarse, ustedes →	cállense	→	cállense
sentarse, ustedes →	siéntense	→	siéntense

2 Ponga los verbos en imperativo (forma nosotros), según el modelo. No olvide la tilde.

1. quedarse
   quedemo**s** + nos
   M
   qued**é**monos

2. levantarse
   levantémonos

3. irse
   vámonos

4. vestirse
   vistámonos

5. callarse
   callémonos

6. alejarse
   alejémonos

3 Ponga los verbos en imperativo (forma vosotros), según el modelo. No olvide la tilde.

levantarse	levanta**d** + os	→	levantaos
vestirse	vestíos	→	vestíos
acordarse	acordaos	→	acordaos
quedarse	quedaos	→	quedaos
irse	idos	→	idos

IMPERATIVO AFIRMATIVO, uso con pronombres personales

4 Complete.

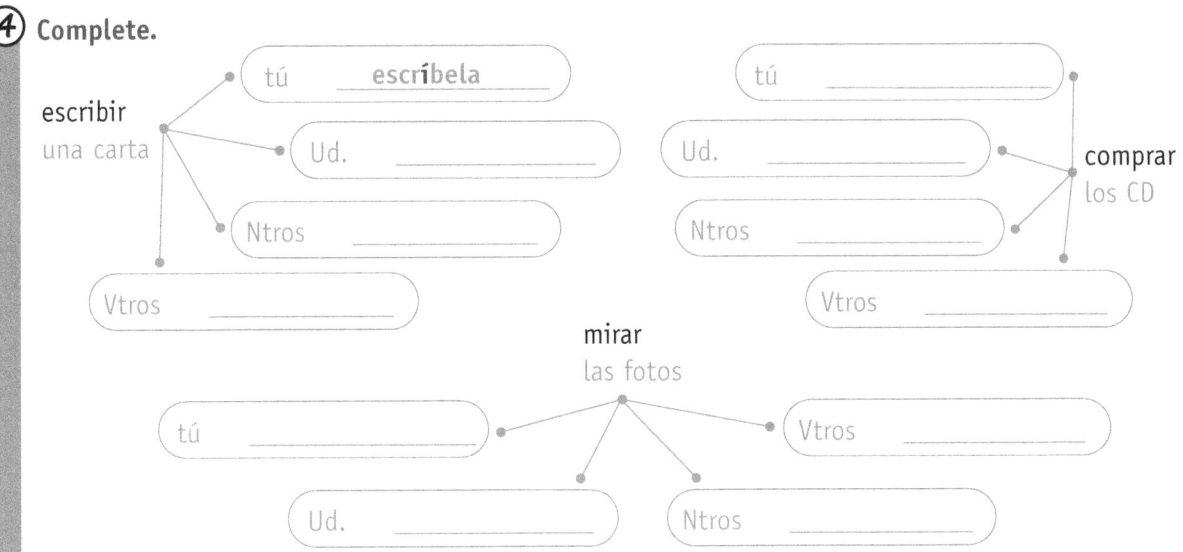

escribir una carta
- tú ___escríbela___
- Ud. _____
- Ntros _____
- Vtros _____

comprar los CD
- tú _____
- Ud. _____
- Ntros _____
- Vtros _____

mirar las fotos
- tú _____
- Ud. _____
- Ntros _____
- Vtros _____

5 Complete el cuadro.

	TÚ	USTED	USTEDES
invitar a María	invítala	invítela	invítenla
hacer los ejercicios			
mandar el e-mail			
cerrar la puerta			
contar las historias			
servir el postre			
buscar los libros			

6 Relacione y complete con los verbos de la lista en imperativo (forma tú) y con lo, los, la o las. (No olvide las tildes necesarias.)

escuchar   escribir   comprar   poner   hacer   llamar   mandar   abrir

- ¿Dónde pongo los libros? •
- ¿Hago la comida ahora? •
- ¿Qué tal la nueva canción de Ana Torroja? •
- ¿Escribo los informes esta tarde? •
- ¿Cómo mando las cartas? •
- ¿Llamo a Julia al móvil o al fijo? •
- ¡Me encantan estos pantalones! •
- ¡Hace calor! ¿Puedo abrir la ventana? •

- • No, _____ ahora.
- • _____ al móvil.
- • ___Ponlos___ sobre la mesa.
- • Pues _____.
- • _____ por mensajero.
- • No, _____ más tarde.
- • Sí claro, _____.
- • Es fantástica, _____.

28 EL PRETÉRITO PERFECTO

¡SORPRESA!

Hoy es el cumpleaños de Fernando. Su hermano Pedro y dos amigas le han preparado una sorpresa en su piso. Pero son las siete y media y Fernando aún no ha vuelto a casa.

Inma:	Es Irene con la tarta. Voy yo. Pasa, pasa. ¿Qué has comprado?
Irene:	Una tarta de chocolate. ¿Habéis decorado ya el salón?
Inma:	Sí, mira, hemos puesto guirnaldas y globos.
Irene:	Pues, muy bonito, la verdad.
	Media hora más tarde…
Inma:	¿Qué hora es?
Irene:	Las siete y media.
Pedro:	¡Qué raro! Fernando siempre llega a casa sobre las siete y cuarto!
Irene:	Sí, pero esta semana ha tenido mucho trabajo y a lo mejor se ha quedado en la oficina.
Inma:	No, no. Le he visto a las seis y media con Manuel en la parada del autobús.
Pedro:	¿Te ha dicho algo?
Inma:	No, es que hoy no he hablado con él.
Pedro:	Pues seguro que han ido a cenar por ahí y nosotros aquí, esperando.
Irene:	¡No, hombre! Espero que no! Le he llamado tres veces al móvil y no contesta.
Pedro:	¡Vaya!
Irene:	Voy a llamarle otra vez. […]
Fernando:	¿Sí?
Irene:	Hola Fernando, soy Irene.
Fernando:	Oye, Irene, ¿te puedo llamar yo en cinco minutos? Es que he ido un momento a la farmacia justo debajo de casa y…
Irene:	Sí, sí, por supuesto. Chicos, ya viene Fernando. Pedro, apaga la luz.
Fernando:	Uf… He tenido un día horrible. ¡Qué dolor de cabeza!
TODOS:	¡¡¡SOOOR-PREEE-SAAA!!!

EL PRETÉRITO PERFECTO 28

HABER (presente de indicativo)		PARTICIPIO
yo	he	
tú	has	
Ud., él, ella	ha	hablar → hablado
nosotros/as	hemos	tener → tenido
vosotros/as	habéis	vivir → vivido
Uds., ellos, ellas	han	

PARTICIPIOS IRREGULARES MÁS FRECUENTES

abrir	abierto
decir	dicho
escribir	escrito
hacer	hecho
morir	muerto
poner	puesto
romper	roto
ver	visto
volver	vuelto
leer	leído

- El participio es invariable.
  Hemos visto una película.
- El auxiliar y el participio nunca deben separarse.
  El tren aún no ha llegado.

- Con pronombres:
  pronombre + auxiliar + participio:
  ***Le** he visto a las seis.*
  *A lo mejor **se** ha quedado en la oficina.*
  *¿**Te** ha dicho algo?*

- En la forma negativa:
  no + auxiliar + participio:
  *Fernando aún **no** ha vuelto a casa.*
  *Hoy **no** he hablado con él.*

▸ Usos
➡ El pretérito perfecto se usa con las siguientes referencias temporales.
– Hoy
  Hoy no he hablado con él.
– A las dos, a las tres...
  Le he visto a las seis y media.
– Una vez, dos veces... muchas veces
  Le he llamado tres veces al móvil.
– Esta semana, esta mañana, esta tarde...
– Este fin de semana, este mes, este año...
  Esta semana ha tenido mucho trabajo.
– Aún no, todavía no, ya
  Fernando aún no ha vuelto a casa.

➡ El pretérito perfecto se usa para hablar de acciones recientes.
  ¿Qué has comprado?
  ¿Habéis decorado ya el salón?
  ¿Te ha dicho algo?
  He ido un momento a la farmacia.

28 EL PRETÉRITO PERFECTO

1) Escriba los participios.

hablar	_hablado_	morir	_____	volver	_____
ver	_____	subir	_____	decidir	_____
esperar	_____	decir	_____	romper	_____
correr	_____	poner	_____	leer	_____
tener	_____	entender	_____	ir	_____

2) Relacione.

He cenado con Raúl. •   • Esta mañana.

Hemos estado en la playa. •   • Este invierno.

Te has levantado a las siete. •   • Esta noche.

Alfonso ha comido con José. •   • Este mediodía.

He trabajado nueve horas. •   • Este verano.

Has ido a Sierra Nevada a esquiar. •   • Hoy.

3) Transforme, según el modelo.

Normalmente...   Pero hoy...

1. Me levanto a las ocho.   • _Me he levantado_ a las ocho y media.
2. Manuel va al trabajo en coche.   • _____ al trabajo en autobús.
3. Antonia come con sus compañeras.   • _____ con su jefe.
4. Salgo a las cinco.   • _____ a las seis.
5. Nunca tomo café después de comer.   • _____ dos tazas.
6. Vuelves a casa andando.   • _____ en taxi.
7. Cenamos en casa.   • _____ en un restaurante.
8. Me acuesto a las diez y media.   • _____ a las diez.

4) Termine las frases, según el modelo y con las expresiones de la lista.

trabajar mucho   ir al cine   perder el autobús
dejarme el móvil en casa   ganar la carrera   romperse una pierna

1. Carlos está muy cansado porque _ha trabajado mucho._
2. Andrés está en el hospital porque _____
3. No te he llamado porque _____
4. El deportista está contento porque _____
5. Hemos llegado tarde porque _____
6. Has vuelto tarde a casa porque _____

EL PRETÉRITO PERFECTO 28

5 Ordene las frases y escriba el texto en pretérito perfecto.

☐ Coger el autobús para ir a la Universidad. _____
☐ Comprar cava y pasteles. _____
[1] Levantarse. _Hoy, David se ha levantado._
☐ Mirar los resultados de los exámenes. _____
☐ Desayunar. _____
☐ Llegar a las diez y media. _____
☐ Ver su nombre en la lista de los aprobados. _____
☐ Ir al supermercado. _____
☐ Invitar a todos sus amigos. _____
☐ Ponerse muy contento. _____

6 Conteste negativamente, según el modelo.

- ¿Ha leído esta novela? — _No, todavía no la he leído._
- ¿Ha llamado a Lucía? — _____
- ¿Ha comprado el periódico? — _____
- ¿Ha terminado los ejercicios? — _____
- ¿Ha visitado el Prado? — _____

7 Forme frases, según el modelo.

1. JOSÉ / estar en Jaén / varias veces → _José ha estado varias veces en Jaén._
2. NOSOTROS / llamar a Nuria / dos veces → _____
3. YO / viajar en avión / muchas veces → _____
4. TÚ / probar comida china / una vez → _____
5. ELLOS / veranear en Marbella / tres veces → _____

8 Complete las frases con los participios más adecuados.

jugado   regalado   suspendido   mandado/enviado   escuchado   reparado   tomado   pedido

1. Esta mañana hemos _____escuchado_____ las noticias en la radio.
2. Esta tarde los niños han _____ al fútbol.
3. A las tres Raúl ha _____ un café.
4. A las cinco la secretaria ha _____ un e-mail a un cliente.
5. Mis amigos me han _____ flores por mi cumpleaños.
6. El mecánico ha _____ el coche.
7. Lucas está triste porque ha _____ el examen.
8. Los clientes han _____ la carta al camarero.

29. EL PRETÉRITO INDEFINIDO, verbos regulares

CONCURSO

Presentador:	¡Buenas noches y bienvenidos a "Historia en directo". Esta noche tenemos a… Félix.
Félix:	Bueno… pues me llamo Félix, nací en Toledo en 1976, estudié en la Universidad de Alcalá de Henares. Estoy casado y trabajo en un banco.
Presentador:	¿Vivís en Toledo, tu mujer y tú?
Félix:	No, no. Ahora vivimos en Madrid, nos trasladamos el año pasado.
Presentador:	Muchas gracias, Félix. Y nuestra segunda concursante de hoy, Elena.
Elena:	Soy Elena, estoy soltera y vivo en Santander. Terminé la carrera hace dos años, luego trabajé en Estados Unidos y ahora trabajo en una empresa de exportación.
Presentador:	¿Dónde trabajaste en Estados Unidos?
Elena:	En Nueva York.
Presentador:	Muchas gracias, Elena, y bienvenida a nuestro programa.
Presentador:	Ayer nuestros concursantes ganaron 1.000 euros. Vamos a ver qué hacen hoy Elena y Félix. Primera pregunta: ¿Cuál es el nombre de las tres caravelas que llegaron a América el 12 de octubre de 1492?
Elena:	La Pinta, la Niña y la Santa María.
Presentador:	¡Correcto! Segunda pregunta: Nació en Roma, vivió en Portugal y se casó con Sofía de Grecia, ¿quién es?
Félix:	El rey don Juan Carlos.
Presentador:	¡Correcto! Tercera pregunta: ¿Quién descubrió la penicilina en 1928?
Félix:	Fleming.
Presentador:	¡Correcto! Y vamos con otra pregunta: ¿Cómo se llaman los dos científicos franceses que descubrieron la radiactividad en 1902 y que recibieron el Premio Nobel de Física en 1903?
Elena:	Pierre y Marie Curie.
Presentador:	¡Correcto! Ahora, hacemos una pausa para la publicidad y volvemos en unos minutos.

EL PRETÉRITO INDEFINIDO, verbos regulares

	HABLAR	COMER	ESCRIBIR
yo	hablé	comí	escribí
tú	hablaste	comiste	escribiste
usted, él, ella	habló	comió	escribió
nosotros/as	hablamos	comimos	escribimos
vosotros/as	hablasteis	comisteis	escribisteis
ustedes, ellos, ellas	hablaron	comieron	escribieron

▌ Usos

El pretérito indefinido se usa con las siguientes referencias temporales.
- En + *año / mes / estación*:
  Nací en Toledo en 1976.
  ¿Quién descubrió la penicilina en 1928?
- Ayer, anteayer, anoche…:
  Ayer los concursantes ganaron 1.000 euros.
- El lunes / martes / miércoles… El otro día:
  El lunes, los concursantes contestaron a muchas preguntas.
- Hace un(a) / dos / tres… día(s) / semana(s), mes(es), año(s)…:
  Terminé la carrera hace dos años.
- El año / mes / verano… **pasado**. La semana **pasada**:
  El año pasado, Elena trabajó en Estados Unidos.

☞ *explicar: expliqué, explicaste, explicó…*
(y todos los verbos en -car)
empezar: empecé, empezaste, empezó…
(y todos los verbos en -zar)
pagar: pagué, pagaste, pagó…
(y todos los verbos en -gar)

29 EL PRETÉRITO INDEFINIDO, verbos regulares

1 Coloque las tiras en la sopa de letras y lea, horizontalmente, 12 formas en pretérito indefinido. (Fíjese en los infinitivos.)

responder   comprender   comprar   comer   invitar   cubrir
pronunciar   participar   ganar   empezar   perder   decidir

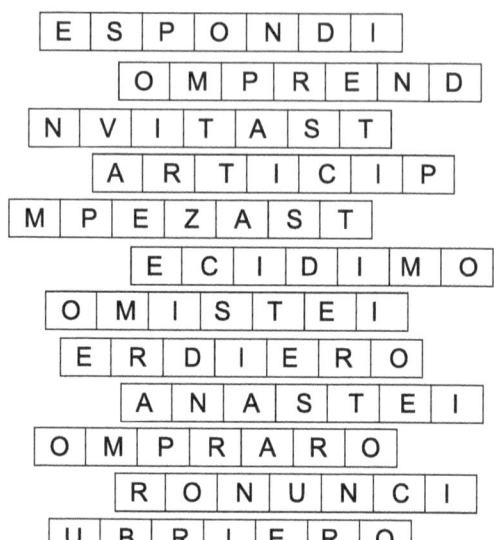

2 Complete los cuadros.

	INDICAR	REALIZAR	APAGAR
yo			
tú			
usted, él, ella			
nosotros/as			
vosotros/as			
ustedes, ellos, ellas			

3 Relacione.

Me acosté muy tarde. • • En diciembre.
Estuvimos en la Costa Brava. • • El 14 de junio.
Nevó mucho. • • Anoche.
Nació mi hijo. • • El sábado.
Comiste en un restaurante japonés. • • Ayer.
Llegué tarde al trabajo. • • El verano pasado.

4 Transforme, según el modelo.

Normalmente...   Pero ayer...

1. Como a las dos y cuarto.   • _comí_ a las tres.
2. Coges el autobús para ir al trabajo.   • _____ el metro.
3. Los niños vuelven del colegio a las cinco. • _____ a las seis.
4. El tren llega a las diez.   • _____ a las once.

EL PRETÉRITO INDEFINIDO, verbos regulares

5) ¿Sabe cuándo sucedió?
Complete con los verbos de la lista en pretérito indefinido y escriba la fecha.

recibir   nacer   inventar   descubrir   pisar   entrar   celebrarse

1969   1992   1986   1895   1492   1979   1452

- Cristóbal Colón __descubrió__ América en __1492__.
- El hombre _____ la Luna por primera vez en _____.
- En _____ los Juegos Olímpicos _____ en Barcelona.
- Los hermanos Lumière _____ el cine en _____.
- España _____ en la Unión Europea en _____.
- Leonardo da Vinci _____ en _____.
- Madre Teresa de Calcuta _____ el premio Nobel de la paz en _____.

6) Conjugue los verbos en pretérito indefinido y clasifíquelos en el cuadro.

acostarse **vosotros**   bailar **Uds.**   comer pasteles **ellos**
ducharse **yo**   escribir un informe **yo**   escuchar música **vosotros**
tomar copas **ella**   hablar con el jefe **vosotros**   levantarse **nosotros**
organizar una reunión **tú**   pagar facturas **yo**   recibir a dos clientes **nosotros**
conocer gente nueva **tú**   fregar los platos **tú**   limpiar la casa **él**

EN CASA	EN LA OFICINA	EN LA FIESTA DE INMA
os acostasteis		

7) Complete estos acontecimientos importantes de la vida de Pablo Picasso y relacione las dos partes de cada frase.

NACER __nació__ • • al poeta Guillaume Apollinaire.

En 1904 INSTALARSE _____ • • el *Guernica*.

En París CONOCER _____ • más de 20.000 obras (dibujos, esculturas,

Durante la Guerra Civil española _____ • grabados, cuadros...).

PINTAR _____ • • en Málaga en 1881.

INVENTAR _____ • • el cubismo.

En 1963 INAUGURARSE _____ • • en 1973.

En total, REALIZAR _____ • • en París.

FALLECER _____ • • el Museo Picasso de Barcelona.

30 EL PRETÉRITO INDEFINIDO, verbos irregulares

¿QUÉ TAL EL FIN DE SEMANA?

Natalia: ¿Qué tal el fin de semana, Ernesto?
Ernesto: El sábado, pues muy tranquilo, estuvimos en Segovia en casa de mis padres. Y el domingo vinieron unos amigos a comer. Por la tarde fuimos todos al parque de atracciones. Los niños quisieron montarse en la montaña rusa y, claro, tuve que montarme con ellos, ¡es horrible! Los niños se divirtieron, pero yo… Bueno, y tú, ¿saliste?
Natalia: ¡No! Yo, ¡el sábado y el domingo… fatal!
Ernesto: ¿Qué te pasó?
Natalia: Pues el viernes fui al restaurante con unos amigos, no sé qué comí, pero el sábado por la mañana me puse enferma, ¡un dolor de estómago!
Ernesto: ¿No llamaste al médico?
Natalia: Sí, claro.
Ernesto: ¿Y qué te dijo?
Natalia: Nada, me dio unas pastillas. Total que no pude salir en todo el fin de semana.
Ernesto: ¡Vaya! ¿Y qué tal estás ahora?
Natalia: Bien, todavía me duele un poco el estómago, pero bien, bien.
Ernesto: Y tú Concha, ¿qué hiciste el sábado?
Concha: Fui al cine con Alberto.
Natalia: ¡Qué película visteis?
Concha: Una de acción, pero malísima, ¡Alberto se durmió!
Natalia: ¡Pues vaya fin de semana!, ¿eh?
Ángel: Pues yo me lo pasé fenomenal. Dimos una fiesta en casa por el cincuenta aniversario de boda de mis abuelos.
Concha: ¡Qué bien!, ¿no?
Ángel: ¡Sí, fenomenal!

EL PRETÉRITO INDEFINIDO, verbos irregulares

VERBOS IRREGULARES MÁS FRECUENTES

andar	→	anduv-
estar	→	estuv-
poder	→	pud-
poner	→	pus-
querer	→	quis-
saber	→	sup-
tener	→	tuv-
venir	→	vin-

e
iste
o
imos
isteis
ieron

PEDIR (1)	DORMIR (2)	LEER (3)
pedí	dormí	leí
pediste	dormiste	leíste
pidió	durmió	leyó
pedimos	dormimos	leímos
pedisteis	dormisteis	leísteis
pidieron	durmieron	leyeron

(1) servir, repetir, preferir...
(2) morir
(3) creer...

DAR	DECIR	HACER	IR / SER	OÍR	VER
di	dije	hice	fui	oí	vi
diste	dijiste	hiciste	fuiste	oíste	viste
dio	dijo	hizo	fue	oyó	vio
dimos	dijimos	hicimos	fuimos	oímos	vimos
disteis	dijisteis	hicisteis	fuisteis	oísteis	visteis
dieron	dijeron	hicieron	fueron	oyeron	vieron

30 EL PRETÉRITO INDEFINIDO, verbos irregulares

1) Complete el crucigrama con las formas en pretérito indefinido.

1. ser, ustedes
2. dar, tú
3. dormir, ella
4. andar, yo
5. querer, ellos
6. estar, usted
7. saber, él
8. servir, usted
9. saber, yo
10. dar, ellas
11. hacer, vosotros
12. leer, ellos
13. ir, yo
14. seguir, ustedes
15. andar, nosotros
16. poner, tú
17. pedir, ellos
18. estar, él
19. ser, vosotros
20. creer, ustedes
21. ir, él
22. pedir, ellos
23. estar, yo
24. venir, vosotros
25. poder, usted
26. dar, nosotros
27. tener, nosotros
28. decir, ella
29. oír, él

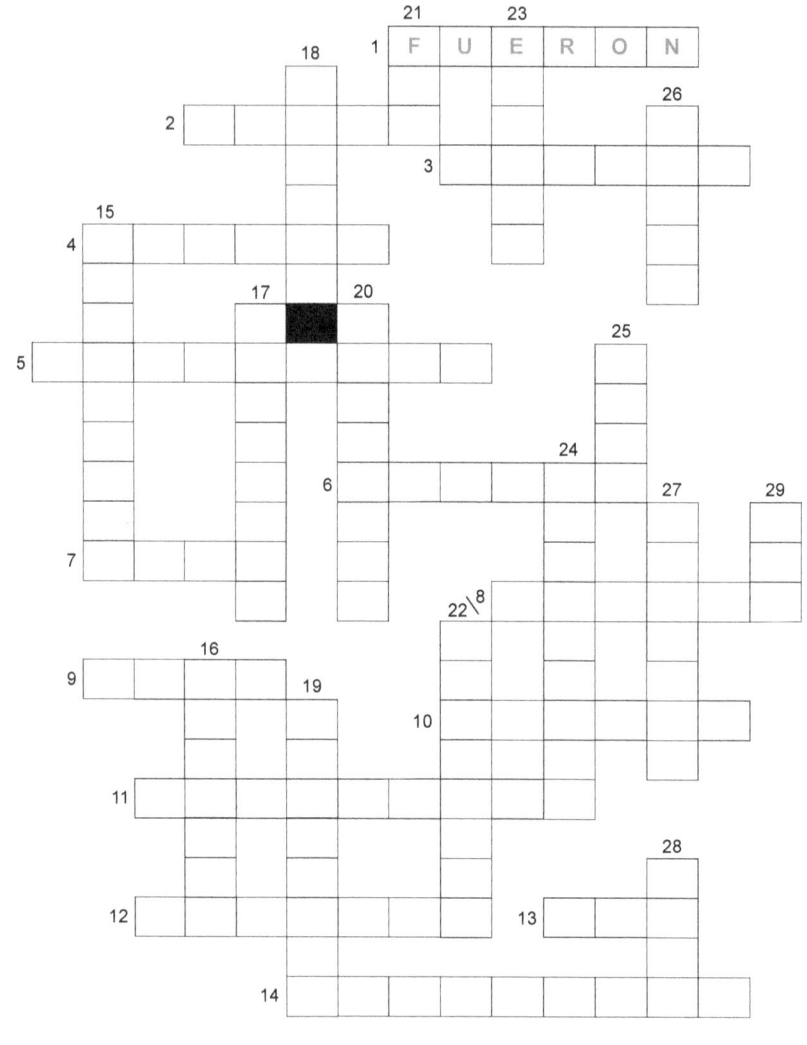

2) Complete los cuadros.

	SEGUIR	ELEGIR	MENTIR
yo			
tú			
usted, él, ella			
nosotros/as			
vosotros/as			
ustedes, ellos, ellas			

EL PRETÉRITO INDEFINIDO, verbos irrregulares — 30

3) Coloree doce formas irregulares. Indique la persona y el infinitivo.

dipidiómuriódijotuvopusisteisvinimosleyóquisooísteisvino

Dar, yo

4) Transforme, según el modelo.

Veo	vi	Repiten	
Queréis		Das	
Prefiere		Hacéis	
Lee		Tenemos	
Son		Duerme	
Pueden		Pide	
Viene		Oís	

5) Ponga los verbos en pretérito indefinido y relacione.

- Anoche VER (nosotros) _vimos_ • • la cuenta al camarero.
- El lunes ESTAR (yo) _____ • • refrescos a los clientes.
- Los clientes PEDIR _____ • • los ejercicios.
- Ayer nevó e HACER _____ • • una película muy divertida.
- El domingo IR (vosotros) _____ • • mucho frío.
- Los camareros SERVIR _____ • • en casa de unos amigos.
- El profesor CORREGIR _____ • • a la playa.

6) Marque (✓) al lado de la referencia temporal correcta.

¿Pretérito perfecto o pretérito indefinido?

1. Fuimos a la fiesta de Antonio.	❑ Este fin de semana	☒ El jueves pasado
2. Has llegado pronto.	❑ Esta mañana	❑ El miércoles
3. He hablado con Carmela.	❑ A las cinco	❑ La semana pasada
4. No pude llamarte.	❑ Esta tarde	❑ Ayer por la tarde
5. ¿Qué hizo usted?	❑ Estas vacaciones	❑ Las vacaciones pasadas
6. Carlos me ha dado los libros.	❑ Hoy	❑ El otro día
7. ¿Leíste el anuncio?	❑ Esta mañana	❑ Ayer
8. Durmieron en un hotel.	❑ Este fin de semana	❑ El sábado pasado

Soluciones

1.1 HOLA. – **1.2** a/b Goya/3, Banderas/1, Allende/2, Iglesias/6, Buñuel/4, Juan Carlos/5. – **1.3** Hernández, junio, correr, caza, bollo. – **1.4** mesa/6, ventana/5, cortina/2, alfombra/1, silla/4, puerta/3. – **1.5** HONDURAS – **1.6** Salamanca, Caracas, Unquera, Veracruz, Quintana, Arequipa. / Zacatecas, Zaragoza, Cáceres, La Paz, Valencia, Tegucigalpa. / Bogotá, Vigo, Managua, Durango, Málaga. / Jerez, Girona, Cartagena, Gijón, Jaén. – **1.7** Panamá, Alemania, Dinamarca, Brasil, Francia, Argelia, Argelia, Bulgaria, Australia, Letonia, Colombia, Polonia, Grecia, Canadá, Ucrania, Noruega, Hungría, Portugal, Egipto, Italia, Estados Unidos, Irlanda, Argentina, Nicaragua. – **1.8** (Posibles respuestas) contar, contestar, camino, rosa, brazo... / poner, ordenador, volver, negro... / vender, entender, dentro, viento...

2.1 nariz, nacionalidad, español, cantar, Badajoz, escribir, Madrid, Brasil / deporte, joven, amigos, examen, chicos, primavera, bikini, tenis. / música, informática, teléfono, gramática, Atlántico, rápido, último, pájaro. – **2.2** autobús, café, Perú, Canadá, veintitrés, esquí, monopatín. / árbol, azúcar, fútbol, automóvil, difícil, carácter, póster. / sábado, técnica, América, ecológico, sílaba, médico, único, página, plátano, espectáculo, séptimo, próximo, bolígrafo, tónica, máquina, mayúscula. – **2.3** papel, inglés, melocotón, champú, plural, ayer, esperar, Navidad, rotulador. / libro, lápiz, comen, española, González, biblioteca, tijeras, frágil, hablas. / micrófono, líquido, Málaga, Córdoba, simpático, estúpido, kilómetro, México, léxico. – **2.4** (agudas) sofá/3, sillón/1, televisor/7, reloj/8, pared/2 / (llanas) móvil/4, alfombra/9, libros/5 / (esdrújulas) lámpara/6 – **2.5** Bogotá, París, Perú, Ecuador. / Roma, Londres, Túnez, Oslo. / África, Atlántico, México, Trópicos. – **2.6** ganar, imaginar, terminar/ actividad, enfermedad, cantidad/ pegamento, monumento/ cartera, pantera / climático, simpático, diplomático / biológico, pedagógico, lógico.

3.1 a. Trabajo en el taller Larrueda. Como en el restaurante Chuletón. Leo el último libro de Cela. Veo la última película de Banderas. ¿Comemos en la cafetería El bocata? – b. 1/una 2/Los 3/La 4/una 5/una 6/la 7/el 8/un 9/la 10/la – **3.2** ¿Es usted el señor Romero? / Hola señor Cobos. / La señora Díaz es simpática. / Buenos días señora Varela. / ¿Conoces a la señorita López? / Hasta luego señor Paz. / ¿Dónde está la señora Casado? / ¿Quién es el señor Morales? – **3.3** Son las dos menos cinco. Son las cinco y veinticinco. Son las cuatro y cinco. – **3.4** Vengo del gimnasio, estoy en la librería y voy al bar. Vengo de la panadería, estoy en la calle y voy al instituto. Vengo del parque, estoy en la playa y voy al museo. Vengo de la calle Ríos, estoy en el gimnasio y voy al cine. – **3.5** veintidós de agosto, treinta de octubre, dieciocho de febrero. – **3.6** El miércoles tengo una reunión. El lunes voy a Francia. Los viernes voy al cine. Los jueves juego al tenis. – **3.7** los, la, las, la, al, las, el, un, la, la, la, al, una, las, las, la, al, unas, una, al, el.

4.1 (columna 1) M, F, M, F, M, M, F, M, F, F. (columna 2) F, F, M, F, F, M, F, M, M, M, F, M. (columna 3) F, F, M, M, F, M, F, F, F, F, M, M. (columna 4) F, M, F, F, M, F, M, F, M, M. – **4.2** hombre, coche, nombre, padre, restaurante, puente, elefante, pie, diente, tomate, pasaporte, presente, deporte, chocolate, aceite, bigote, albaricoque. / noche, tele, calle, madre, clase, nieve, leche, tarde, torre, carne, gripe. – **4.3** océano, mar, volcán, montaña, mar, río, volcán, océano, río, mar, montaña. – **4.4** la directora, la campeona, la periodista, la cantante, la panadera, la vendedora, la bailarina, la turista, la adolescente, la amiga, la chavala, la leona, la futbolista, la estudiante. – **4.5** libros, lápices, estuche, bolígrafos, archivadores, sillones, relojes, mesas, pasteles, melones, naranjas, coliflores, pimientos, kiwis, hospitales, colegios, estaciones de metro, parques, hoteles, leones, delfines, tigres, elefantes, cocodrilos. – **4.6** los lunes, los autobuses, los meses, los jueves, los sacapuntas, los países.

5.1 b/8, c/10, d/5, e/3, f/9, g/2, h/1, i/4, j/6. / b/1, c/3, d/4, e/2, f/6. – **5.2** 1/Son, 2/es, 3/es, 4/es, 5/es, 6/es, estamos, 7/está, 8/son, 9/están, 10/estamos, 11/está, está, 12/es, es. – **5.3** Mi camiseta es de licra. Mi camiseta es de algodón. Alicia es una amiga de Juan. Alicia es mi prima. Mis padres son mexicanos. Mis padres son españoles. Hoy estamos a jueves. Hoy estamos a sábado. – **5.4** 2/El bolso es de piel. 3/Julio está sentado. 4/Lola es la prima de Lucas. 5/Hoy es jueves. 6/Félix está soltero. 7/Este libro es para Juan. 8/Jean es de París. 9/El CD está sobre la mesa. 10/ Marta es enfermera. – **5.5** 2/Es Julia Prada. Es una amiga de la universidad. Es mexicana. Es de Oaxaca. Es estudiante. Está casada. 3/ Es Pedro Cubillo. Es un compañero de trabajo. Es peruano, es de Lima. Es contable. Está separado. – **5.6** son, es, es, está, está, Está, es, está.

6.1 5. – **6.2** 58/cincuenta y ocho, 94/noventa y cuatro, 33/treinta y tres, 62/sesenta y dos, 25/veinticinco, 81/ochenta y uno, 43/cuarenta y tres, 79/setenta y nueve. – **6.3** 2/novecientos ocho, 3/cuatrocientos sesenta y seis, 4/quinientos cuarenta y cuatro, 5/doscientos ochenta y siete, 6/seiscientos sesenta y tres, 7/setecientos setenta y cinco. – **6.4** (Posibles respuestas) 28/veintiocho, 42/cuarenta y dos, 24/veinticuatro, 824/ochocientos veinticuatro, 482/cuatrocientos ochenta y dos, 842/ochocientos cuarenta y dos, 284/doscientos ochenta y cuatro, 248/doscientos cuarenta y ocho. – **6.5** cuatro mil novecientos tres, ocho mil cuarenta, trece mil setecientos cincuenta y tres, veinticuatro mil seiscientos setenta y uno. – **6.6** cuarenta y dos mis trescientos sesenta y ocho, noventa y un mil seiscientos cuatro, dieciocho mil novecientos setenta y dos, treinta y nueve mil seiscientos cincuenta y siete, setenta y tres mil novecientos veinticinco, cincuenta y siete mil setecientos sesenta y dos. – **6.7** doscientos cuarenta y cuatro mil cien, trescientos un mil doscientos veinticinco, quinientos cuarenta y siete mil, quinientos cuatro mil setecientos ochenta y dos. – **6.8** 2/tercer, 3/cuarta, quinta, 4/octavo, 5/primer

7.1 trabajo, trabajas, trabaja, trabajamos, trabajáis, trabajan/ vendo, vendes, vende, vendemos, vendéis, venden/ vivo, vives, vive, vivimos, vivís, viven/ me levanto, te levantas, se levanta, nos levantamos, os levantáis, se levantan/ protejo, proteges, protege, protegemos, protegéis, protegen/ esquío, esquías, esquía, esquiamos, esquiáis, esquían. – **7.2** se ducha, desayuna, toma, llega, come, trabaja, cena, escucha, lee. – **7.3** Los domingos te levantas tarde. / Los sábados por la noche Juan cena con sus amigos. / Todos los días en el desayuno lee el periódico. / Los martes a las seis practicamos yudo. / En invierno esquían en los Pirineos. / Todos los días tomo el metro para ir al trabajo. **7.4** El cartero reparte el correo. El mecánico repara coches. El veterinario cura a los animales. La telefonista responde al teléfono. El panadero vende pan. – **7.5** trabajáis, vivimos, toman, llega, protege, abre. – **7.6** tecleas, pulsas / completáis, pagáis / llamas, te tomas. – **7/7** Álex, ¿me ayudas? ¿Compramos una tarta? ¿Abro la ventana? ¿Tomamos un café? ¿Me prestas un euro?

8.1 2/¿Queréis un café? No, queremos un té. 3/¿Quiere paella? No, quiero tortilla. 4/¿Quieres ir al campo? No, quiero ir a la playa. 5/¿Queréis ver la tele? No, queremos ir al cine. – **8.2** 2/ Tienes sed, quieres ir a la cafetería. 3/Tenemos hambre, queremos comer ahora. 4/Tienen calor, quieren ir a la playa. 5/Tiene frío, quiere cerrar la ventana. – **8.3** ¿Puede bajar el volumen de la tele?/¿Puedes poner el aire acondicionado?/ ¿Podéis poner la mesa?/¿Puede repetir la pregunta? – **8.4** 2/¿Puedo poner este CD? 3/¿Puedo hacer una llamada? 4/¿Puedo ir al baño? 5/¿Puedo abrir la ventana? – **8.5** 2/Quieres, puedo, clase de inglés. 3/Quieres, puedo, con mis padres. 4/Quieres, puedo, he perdido mi raqueta. 5/Quieres, puedo, tengo mucho trabajo. – **8.6** 1/¿Lo puedo coger? 5/Las podéis ver en la tele. 4/Les podemos invitar a cenar. 2/¿Las quieren ver? – **8.7** a./b. lo quiero ver. – quiero verlo. / te puedes ir. – puedes irte. / se quieren sentar. – quieren sentarse. / nos podéis llamar a las tres. – podéis llamarnos a las tres. / le puedes mandar e-mails. – puedes mandarle e-mails.

9.1 2/pido 3/cierra 4/cuenta 5/defienden 6/entiende 7/corrijo 8/comprobáis 9/queremos 10/sigo 11/sonríen 12/devuelvo 13/juega 14/mido 15/piensa 16/quieres 17/duermo 18/repite 19/recomiendas, 20/cerráis 21/pierde 22/pedimos 23/recuerdo 24/siguen 25/prefieres, 26/volvemos 27/elijo 28/encuentran – **9.2** contar/él, recordar/ellos, probar/tú, volver/yo, dormir/ellos, encontrar/él – cerrar/ellos, preferir/yo, merendar/ellos, perder/yo, mentir/ellos, querer/yo, pensar/yo, querer/yo pensar/tú – corregir/yo, repetir/él, elegir/tú, servir/tú, medir/ellos. – **9.3** Quieres – No, prefiero / Caliento – Sí, tengo hambre. / cuestan – Cincuenta euros. / ¿Dónde está la calle Huerta? – Sigues, tuerces. / ¿Te gusta la fiesta? – me divierto / ¿Cuál es el teléfono de Pablo? – me acuerdo. – **9.4** 2/corrige 3/os despertáis 4/sirves 5/enciendes – **9.5** Apruebas los exámenes. / Cierro la ventana. / En Galicia llueve mucho en otoño. / ¿Te sirvo más gazpacho? / Juegan al tenis los martes. / No entienden la pregunta. / Los sábados nos acostamos tarde.

10.1 tengo, hago / vienen, dice / salgo, pongo / oyen, voy, sé / veo, conozco / dicen, dicen / va, oigo, vas – tener, hacer, venir, decir, salir, poner, oír, ir, saber, ver, conocer, decir, tener, ir, oír, ir – **10.2** dais, salís, veo, tiene, vienen, sé, hacéis, ponemos, tienes, salgo, oyes, conocéis, dice, van, ve, sabemos, hago, salen – **10.3** ve, conocéis, vienes, dicen, salís, oyes, van, tenemos, sé, da, hago, vienen, oigo – **10.4** Los sábados por la mañana va al gimnasio y hace deporte. Luego, da una vuelta por el parque con su perro. Por la tarde, ve la tele. Por la noche, sale con sus amigos, van al pub Las Cañas porque conoce a todo el mundo. – **10.5** Conozco – Es un amigo de la universidad. / hace – Veo la tele. / Sabes – No, no sé, lo siento. / hacéis – Vamos de copas. / salen – salimos a las seis y media / pongo – Sobre la mesa. – **10.6** Los domingos salen... / Mis padres ven... / ¿De dónde viene...? / ¿Vamos a casa...? / Sé hablar... / ¿Cuántos años tienes? / ¿Pongo la tele?

11.1 ver exposiciones, el arte moderno, la música clásica, el baloncesto, la comida española, fregar los platos, el flamenco, viajar en tren, navegar por Internet / los gatos, los deportes, las fresas, los cuadros de Picasso, las verduras, los pantalones de campana, las canciones de Joaquín Sabina. – **11.2** 3/A Juan le encanta la música. 4/A Juan le encanta leer. 5/A mis amigos les gustan las películas de acción. 6/ A mis amigos les gustan los animales. 7/A nosotros no nos gusta el cine. 8/ A nosotros no nos gusta la música. 9/ A nosotros no nos gusta leer. 10/ A nosotros no nos gusta esquiar. 11/ A ti te gusta leer. 12/A ti te gusta esquiar. 13/A ti te gusta el cine. 14/ A ti te gusta la música. 15/A mí me encantan los animales. 16/A mí me encantan las películas de acción. – **11.3** 2/A Alfonso le interesan los deportes. 3/A usted le encanta jugar al tenis. 4/No nos gustan las novelas policíacas. 5/A ti te interesa la literatura. 6/No me gusta nada trabajar los sábados. 7/Me encanta la tortilla de patatas. 8/A mis amigos les gustan los niños. – **11.4** 2/le gusta 3/te gustan 4/le interesan 5/nos gustan 6/les gusta 7/os gustan 8/os encanta 9/me gusta 10/te encanta 11/le interesa 12/les gustan – **11.5** 2/A mí sí. 3/A mí también. 4/A mí tampoco. – **11.6** 4/No me gusta esta película. 5/Me gusta tu chaqueta. 6/Me encanta tu vestido. 7/No me gustan estos pantalones. 8/Me gusta esta ciudad. 9/Me encantan estos libros. – **12/7** me encanta tomar el sol. / les gustan mucho los animales. / – os interesa la pintura. / le gustan los idiomas.

12.1 2/vas a llamar 3/voy a comer 4/va a visitar 5/vais a ver 6/voy a hacer 7/va a terminar 8/vamos a ir 9/van a salir 10/voy a leer – **12.2** ir, hacer, visitar, invitar, coger, comprar – **12.3** va a tener, va a llamar, va a comer, va a ir, va a salir, va a llegar, va a visitar, va a cenar – **12.4** vas a descansar. / va a llamar al médico. / vamos a ir al cine. / van a comer un bocadillo. / vais a visitar el Prado. – **12.5** 2/Te vas a acostar. 3/Se va a quedar. 4/Nos vamos a bañar. 5/Os vais a acostar. 6/Se va a vestir. 8/Vas a levantarte. 9/Va a peinarse. 10/Vamos a irnos. 11/Vais a aburriros. 12/Van a casarse. – **12.6** Va a ducharse. / Se va a duchar. Va a desayunar. Va a ir al trabajo. Va a comer. Va a trabajar hasta las 17:00. Va a jugar al tenis a las 17:15. Va a cenar. Va a ir de copas con sus amigos. Va a volver a casa muy tarde. Va a acostarse. / Se va a acostar. – **12.7** 2/Sí, lo voy a llamar. Sí, voy a llamarlo. 3/Sí, las voy a escribir. Sí, voy a escribirlas. 4/Sí, los voy a enviar. Sí, voy a enviarlos. 6/Sí, le voy a comprar flores. Sí, voy a comprarle flores. 7/Sí, les voy a enviar una postal. Sí, voy a enviarles una postal. 8/Sí, les voy a enseñar mi casa. Sí, voy a enseñarles mi casa.

13.1 siguiendo, viendo, hablando, saliendo, haciendo, durmiendo, poniendo, andando, subiendo, leyendo, riendo, repitiendo, bebiendo – **13.2** estamos viendo / está leyendo / estáis esperando / estoy jugando / estás paseando / están haciendo / está comiendo – **13.3** 2/Está cuidando a un enfermo. 3/Está preparando una reunión. 4/Están visitando un museo. 5/Está corrigiendo los ejercicios. 6/Está atendiendo a un cliente. 7/Está escribiendo un artículo. 8/Está leyendo un informe. – **13.4** La telefonista está contestando al teléfono. / La secretaria está haciendo fotocopias. / Los viajeros están subiendo al tren. / El bebé está durmiendo en su cuna. / Mi abuelo está escuchando la radio. / La clienta está eligiendo un vestido. – **13.5** Te estás duchando. / Fernando está afeitándose. / Nos estamos divirtiendo. / Estáis peinándoos. / Los niños se están acostando. – **13.6** 2/Los estás haciendo. Está haciéndolos. 3/Me están mirando. Están mirándome. 4/Te estamos esperando. Estamos esperándote. 5 /Le está escuchando. Está escuchándole. 6/Las estoy tomando. Estoy tomándolas. 2/Nos está explicando el ejercicio. Está explicándonos el ejercicio. 3/Le estás pidiendo la cuenta. Estás pidiéndole la cuenta. 4/Les está enseñando la casa. Está enseñándoles la casa. 5/Me está haciendo una pregunta. Está haciéndome una pregunta. 6/Te estoy sirviendo una cerveza. Estoy sirviéndote una cerveza.

14.1 hay que practicar deporte. / hay que comprar un billete. / hay que leer los anuncios. / hay que llamar a los bomberos. – **14.2** coger un carrito / hacer cola / esperar / llamar al camarero / ponerse el cinturón – **14.3** ahorrar, proteger, usar, plantar / practicar, comer, dormir, beber – **14.4** 3, 2, 8, 4, 5, 7, 6, 1 – **14.5** tienes que ir al supermercado. / tengo que estudiar todo el fin de semana. / tiene que acostarse y dormir. / tenéis que esperar. / tengo que llamar al médico. – **14.6** echar, batir, añadir, mezclar, poner – **14.7** Te tienes que quedar a cenar. / Álex tiene que probarse esta camisa. / Nos tenemos que acostar pronto. / Tenéis que levantaros a las seis. – **14.8** 2/Los tengo que terminar. Tengo que terminarlos. 3/Nos tiene que escuchar. Tiene que escucharnos. 4/Le tengo que mandar un e-mail. Tengo que mandarle un e-mail. 5/Te tiene que pedir un favor. Tiene que pedirte un favor. 6/Os tienen que dar una carta. Tienen que daros una carta.

15.1 Todos los días. 1 / Dos veces por semana. 2 / Cada fin de semana. 3 / Tres veces al mes. 4 / Una vez al mes. 5 / Cada verano. 6 / Casi nunca. 7 / Nunca. 8 – **15.2** Comer: Cuatro veces al día / Desayunar: Una vez al día / Irse de vacaciones: Una vez al año. / No trabajar: Todos los domingos. / Hablar por teléfono: Varias veces al día. – **15.3** Me encanta bailar. / Nos encanta el sushi. / Le gusta nadar. / No tienes coche. / Quiero viajar a Estados Unidos. / Nos encanta el deporte. – **15.4** 2/Viaja al extranjero todos los veranos. 3/Escucha la radio cada mañana. 4/Navegas por Internet de vez en cuando. 5/Viajáis en avión cinco veces al año. 6/Leemos el periódico cada día. – **15.5** 1/Cada mañana. 2/Todos los veranos. 3/Tres veces al mes. 4/Todos los inviernos. 5/Todas las noches. 6/Nunca. – **15.6** Siempre, Todos los días, a menudo, Todos los jueves, Cada fin de semana.

16.1 a. Al lado de la iglesia. / El sábado por la tarde. / Antonio. / Es muy amable. / Sobre la mesa. / En metro. **b.** 2/Cuándo 3/Dónde 4/Cómo 5/Cuándo 6/Cómo – **16.2 a.** 2/¿Por qué no quieres ir al cine con nosotros? 3/¿Con quién vais a ir a Barcelona? 4/¿Qué es el gazpacho? 5/¿Quiénes estudian inglés con usted? **b.** 2/Qué 3/Quién 4/Quién 5/Por qué 6/Qué 7/Quiénes – **16.3** ¿Cuántas personas trabajan aquí? / ¿Cuántos idiomas hablas? / ¿Cuánto dura la película? – **16.4** 2/Cuál 3/Cuál 4/cuáles 5/Cuál – **16.5** ¿A qué hora llega Juan? / ¿Dónde está el libro? / ¿Cuántos estudiantes hay en tu clase? / ¿Cómo vas al trabajo? / ¿Cuál es tu número de teléfono? – **16.6** Cuántos, Cuántos, Cuándo, Por qué, Cuál, Qué, Cuándo

17.1 Natalia también es alta. / Julián también es rubio. / Pedro también es bajo. / Carlos también es gracioso. / Marta también es tímida. – **17.2** azul, gris, egoísta, verde, enorme, grande, ideal, joven, deportista, rosa, caliente, interesante, feliz, marrón, eficaz, juvenil, agradable – **17.3** Barcelona es una ciudad grande y bonita. / Mi nuevo coche es rápido y potente. / La nueva profesora es competente pero muy autoritaria. / No me gusta esta novela, es larga y aburrida. – **17.4** alegre; triste, alegre / fácil; difícil, fácil / largo; corta, larga / generoso; egoísta, generosa / frío; caliente, fría / hermoso; fea, hermosa – **17.5** grande, buena, mal, Buena – **17.6** jóvenes, marrones, originales, acogedores, eficaces, amarillas, geniales, amables, espectaculares, divertidas, habladores, naturales, fáciles, grises – **17.7** morenos, jóvenes, inteligentes, fieles, trabajadores – **17.8** Estos libros son interesantes. / En invierno las noches son largas. / Estos ejercicios son fáciles. / Las nuevas empleadas son trabajadoras. / Los muebles de mi casa son modernos.

18. a. estado anímico, estar / descripción de una cosa, ser / estado (cosa o lugar), estar / rasgos del carácter, ser / estado físico, estar / descripción de un lugar o de una cosa, ser / estado (cosa o lugar), estar – **b.** Alberto está enfadado. / La falda es larga. / La casa es grande. / Pepe y Luis son antipáticos. / La tele está estropeada. / Beatriz está enferma. / El reproductor de CD está roto. – **18.2** Tus pantalones son anchos. / Las botellas están vacías. / Raúl es generoso. / La película es aburrida. Paco es alto. / Estás tranquila. / Este hombre es rico. / El pollo asado está malo. / Los vasos están limpios. – **18.3** b. es/3 c. está/1 d. está/4 e. es/6 f. está/7 g. están/2 h. es/8 – **18.4** María Robles es alta y rubia. Es sociable. Hoy está enferma. / Ernesto González es alto y castaño. Es optimista. Hoy está enfadado. – **18.5** 2/están verdes 3/ estoy lista 4/ Es verde. 5/ Está muy rica. 6/ es buena 7/ es muy mala 8/ estás atento – **18.6** Noelia es alta, delgada y morena. Está enfadada. Los pantalones de Noelia son anchos. La camiseta de Noelia es ceñida. Rubén es alto y delgado. Es rubio. Está contento. La ventana está abierta. La mesa es rectangular y pequeña. La paella está muy rica. La sopa está caliente. El pollo está quemado. El tostador está roto. El gato es cariñoso. La botella de agua está llena.

19.1 a. 2/menos larga que 3/más anchos que 4/tan caros como 5/más corto que 6/tan barato como – **b.** 2/ligero 3/interesante 4/alto 5/antiguo 6/contaminado – **19.2** Clara trabaja más horas que Luis. / Clara tiene menos hermanas que Luis. / Clara tiene tanto trabajo como Luis. / Clara tiene tantas amigas como Luis. – **19.3** 2/menos ... que 3/tan ... como 4/más ... que 5/más ... que – **19.4** 2/más grande que 3/tan lejos del centro 4/menos dinero que 5/tantas horas como 6/más tarde que 7/menos vacaciones que – **19.5** 2/ más ... que 3/ más ... que 4/ menos ... que 5/ menos ... que

20.1 mis perros, mis gafas, mi casa / tu piso, tu goma, tus libros, tus amigas / sus tarjetas, su bici, su gato, sus zapatos / nuestro padre, nuestra ciudad, nuestros primos, nuestras hermanas / vuestras amigas, vuestro instituto, vuestros perros, vuestra madre / sus compañeras, su academia, su profesor, sus amigos. – **20.2** tu, tus, tus, tus, tus, nuestra, nuestro, nuestros, tu, mi, tus, mis – **20.3** 2/Nuestros profesores son muy simpáticos. 3/Su casa es muy grande. 4/Tu chaqueta es muy elegante. 5/Vuestros amigos son muy graciosos. 6/Mis compañeras de piso son estupendas. 7/Su piso es muy moderno. – **20.4** Son mías. / Es tuyo. / Son suyos. / Son nuestros. / Es vuestro. / Es suyo. – **20.5** los míos, los suyos, los nuestros, los suyos / el mío, el suyo, el nuestro, el suyo – **20.6** 2/suyos, los míos 3/tuyas, las mías 4/vuestros, los nuestros 5/vuestro, el nuestro 6/suya, la mía 7/suyo, el mío 8/tuya, la mía

Soluciones

21.1 estos, estas, este / esas, ese, esa, esos / aquel, aquellas, aquellos, aquella – **21.2** allí, aquí, ahí, ahí, allí / aquí, ahí, allí, aquí, aquí – **21.3** 2/Aquella mujer es mi tía. Aquellas mujeres son mis tías. 3/Esa señora es la directora. Esas señoras son las directoras. 4/Aquella dependienta es amable. Aquellas dependientas son amables. 5/Esta actriz es joven. Estas actrices son jóvenes. 6/Esa estudiante es habladora. Esas estudiantes son habladoras. 7/Esta alumna es inteligente. Estas alumnas son inteligentes. – **21.4** aquellos chicos / aquella tienda / esos zapatos / este vestido / este ejercicio / estas gafas / esta tarjeta – **21.5** Esta no me gusta nada. / Estas son desagradables. / Estos son muy aburridos./ Aquella es la secretaria. /Esos son de José. – **21.6** 2/Este es Arturo y esos son Marcos y Julián. 3/Estas son María y Luisa y aquellos son Raúl y Pablo. 4/Esos son mis hermanos y aquellas son mis vecinas. 5/Este es mi primo y aquella es mi madre. 6/Estos son mis abuelos y estas son mis tías. – **21.7** 2/Esa no me gusta, prefiero aquella. 3/Esta no me gusta, prefiero esa. 4/Aquellas no me gustan, prefiero estas. 5/Esos no me gustan, prefiero aquellos. 6/Esas no me gustan, prefiero estas. 7/Esos no me gustan, prefiero estos. – **21.8** ¿Qué es eso? / ¡Mira aquello! / ¿De quién es esto?

22.1 Me, Te, Te, Lo/Le, Lo/Le, La, la, Nos, nos, Os, Os, Los/Les, Los/Les, Las, Las. – **22.2** Sí, la he visto esta tarde. / Sí, ya los hemos terminado. / Las escucho por la mañana. / Lo cojo en la calle Goya. / La compro en el mercado. – **22.3** 2/Los pongo en la estantería. 3/Los llamo los domingos. 4/Te invito el sábado. 5/Las compro en el quiosco. – **22.4** 2/Lo escucha. 3/La ve. 4/Las vende. 5/Los hacen. 6/Lo beben. 7/Lo escribe. 8/La compra. – **22.5** Te mando un e-mail. / Le mando un e-mail. / Le mando un e-mail. / Nos mandas un e-mail. / Os mando un e-mail. / Les mando un e-mail. / Les mando un e-mail. – **22.6** Te ha enseñado su casa. Te ha presentado a sus amigos. / Las ha invitado a su fiesta. Les ha enseñado su casa. Les ha presentado a sus amigos. / Nos ha invitado a su fiesta. Nos ha enseñado su casa. Nos ha presentado a sus amigos. – **22.7** ¿le regalamos un libro? / siempre le llevo flores. / ¿te compro unos sellos? / ¿nos pone dos cervezas? / os da el resultado del examen. – **22.8** 2/Sí, lo/le he llamado y le he pedido el menú. 3/Sí, los/les he llamado y les he explicado cómo venir. 4/No, no las he visto, pero les he mandado un e-mail. 5/Sí, le he escrito y le he contado mis vacaciones.

23.1 No escucha música clásica. / No va al cine los domingos. / No lee novelas de acción. / No le gusta la playa. / No sabe cocinar. – **23.2** No, Ángel no vive en Toledo. / No, Olga no es española. / No, no está lloviendo. / No, no hace frío. – **23.3** Nunca salimos los domingos. / No tomo nunca café. / Nunca has estado en Segovia. / Eva no se levanta nunca antes de las siete. / Pedro nunca ha viajado en AVE. – **23.4** 2/No navega nunca 3/Nunca coge 4/No invita nunca 5 / Nunca juega 6 / no llueve nunca – **23.5** Félix no ha hecho nada. / No he oído nada. / No necesito nada. / Elena no ha comprado nada. /No quiero comer nada. / No hago nada. – **23.6** **a.** ¿Alguien te ha visto? – 3/¿Quién quiere ir al cine? – 2/¿Ha venido alguien esta tarde? – 6/¿Quién ha hablado con Patricia? – 5/¿Alguien ha escuchado el CD? – 1 – **b.** 1/No, nadie ha escuchado el CD. 2/No, nadie quiere ir. 3/No, nadie me ha visto. 5/Nadie ha hablado con ella. 6/No, nadie ha venido. – **23.7** nada, Nunca, no, nada, no, no, No, nadie, no, nadie, no, nada

24.1 2/entre el estuche y la goma 3/delante del estuche 4/a la izquierda del estuche 5/enfrente del estuche 6/a la derecha del estuche 7/dentro del estuche 8/junto al estuche 9/contra el estuche 10/encima del estuche, sobre el estuche – **24.2** Está delante de la pizarra./ Está debajo del escritorio. / Está detrás de la casa. / Está enfrente de la farmacia. / Está sobre la mesa. – **24.3** 2/La lámpara está sobre la mesilla. 3/El patio está detrás de la casa. 4/La ropa está dentro del armario. 5/ La alfombra está debajo del sofá. 6/ La cocina está enfrente del comedor. 7/La librería está entre el estanco y correos. – **24.4** 2/En el centro comercial hay muchas tiendas. 3/Sobre el estante hay cinco libros. 4/En Madrid hay museos y galerías de arte. 5/En el aula hay mesas, sillas y una pizarra. – **24.6** 2/está 3/están 4/está 5/hay 6/están 7/hay 8/están

25.1 Está muy lejos. / Es muy tarde. / Es muy feo. / Está muy cerca. / Es muy barato. – **25.2** 2/demasiado 3/demasiadas 4/demasiado 5/demasiados 6/demasiado 7/demasiado – **25.3** Sí, tiene muchos empleados. / Sí, tiene muchas paradas de autobús. / Sí, me gusta mucho. / Sí, tengo mucha sed. – **25.4** 2/pocos 3/poca 4/poco 5/muchas 6/mucha 7/mucho 8/pocas – **25.5** Hoy hemos trabajado mucho. / Barcelona es una ciudad muy grande. / Me gustan mucho las novelas policíacas. / El café está muy caliente. / Julia es muy simpática. / Paco es representante, viaja mucho. / Santiago habla muy bien inglés. / A Emilio le gusta mucho jugar al tenis. / El profesor de inglés habla muy despacio. / Hoy me he levantado muy pronto. – **25.6** 1/mucho, pocas, muy, demasiado 2/ demasiada, mucho, demasiado, demasiado, demasiado, muchas, muy

26.1 resumid, cambia, reparte, compra, corre, ayuda, respondan, esperad, compre, cambie, corran, pregunta, esperen, pregunte, ayude, lavad. – **26.2** calienta, caliente, calentemos, calentad, calienten / defiende, defienda, defendamos, defended, defiendan / prueba, pruebe, probemos, probad, prueben / corrige, corrija, corrijamos, corregid, corrijan – **26.3** servir/usted, venir/tú / salir/vosotros, poner/nosotros, ir/usted, hacer/tú, salir/ustedes, ir/tú, seguir/usted, jugar/ustedes, poner/tú, elegir/nosotros, volver/vosotros – **26.4** Pulse – Usar un software. / Escriba – Ejercicio de gramática. / Tuerza – Indicar un camino. / Marque – Hacer una llamada internacional. / Haga – Un director a su secretaria. / Levante – Ejercicio de gimnasia. **26.5** pon / Recoge / Ve, compra / Envía / Apaga, haz – **26.6** entre, 2 / Escuche, 4 / elija, 5 / Lea, 8 / busque, 6 / Haga, 1 / Navegue, 3

27.1 vistase → vístase, acuestense → acuéstense, peinate → péinate, acuerdese → acuérdese, duermete → duérmete, acerquense → acérquense, callate → cállate, vayase → váyase, quedate → quédate, callense → cállense, sientesen → siéntense – **27.2** 2/levantemos + nos → levantémonos 3/vayamos + nos → vayámonos 4/vistamos + nos → vistámonos 5/callemos + nos → callémonos 6/alejemos + nos → alejémonos – **27.3** vestid + os → vestíos / acordad + os → acordaos / quedad + os → quedaos / id + os → idos – **27.4** escríbala, escribámosla, escribidla / cómpralos, cómpremoslos, compradlos / míralas, mírelas, mirémoslas, miradlas – **27.5** hazlos, hágalos, háganlos / mándalo, mándelo, mándenlo / ciérrale, ciérrela, ciérrenla / cuéntalas, cuéntelas, cuéntenlas / sírvelo, sírvalo, sírvanlo / búscalos, búsquelos, búsquenlos – **27.6** No, hazla más tarde. / Es fantástica, escúchala. / No, escríbasela ahora. / Mándalas por mensajero. / Llámala al móvil. / Pues cómpralos. / Sí claro, ábrela.

28.1 visto, esperado, corrido, tenido, muerto, subido, dicho, puesto, entendido, vuelto, decidido, roto, leído, ido – **28.2** Este verano. / Esta mañana. / Este mediodía. / Hoy. / Este invierno. – **28.3** 2/Manuel ha ido 3/Antonia ha comido 4/He salido 5/He tomado 6/Has vuelto 7/Hemos cenado 8/Me he acostado – **28.4** 2/Se ha roto una pierna. 3/me he dejado el móvil en casa. 4/ha ganado la carrera. 5/hemos perdido el autobús. 6/has ido al cine. – **28.5** 3, Ha cogido / 10, Ha invitado / 5, Ha mirado / 2, Ha desayunado / 4, Ha llegado / 6, Ha visto / 9, Ha comprado / 8, Ha ido / 7, Se ha puesto – **28.6** No, todavía no la ha llamado. / No, todavía no lo he comprado. / No, todavía no lo he visitado. / No, todavía no los he terminado. – **28.7** 2/Hemos llamado a Nuria dos veces. 3/He viajado en avión muchas veces. 4/Has probado comida china una vez. 5/Han veraneado en Marbella tres veces. – **28.8** 2/jugado 3/tomado 4/mandado/enviado 5/regalado 6/reparado 7/suspendido 8/pedido

29.1 empezaste, comprendí, perdieron, invitaste, pronuncié, respondió, decidimos, participó, compraron, ganasteis, cubrieron. – **29.2** indiqué, indicaste, indicó, indicamos, indicasteis, indicaron / realicé, realizaste, realizó, realizamos, realizasteis, realizaron / apagué, apagaste, apagó, apagamos, apagasteis, apagaron – **29.3** El verano pasado. / En diciembre. / El 14 de junio. / El sábado. / Ayer. – **29.4** 2/cogiste 3/volvieron 4/llegó – **29.5** pisó, 1969 / 1992, se celebraron / inventaron, 1895 / entró, 1986 / nació, 1452 / recibió, 1979 – **29.6** En casa: me duché, fregaste los platos, nos levantamos, limpió la casa / En la oficina: organizaste una reunión, escribí un informe, hablasteis con el jefe, pagué las facturas, recibimos a dos clientes / En la fiesta de Inma: tomó copas, conociste gente nueva, bailaron, comieron pasteles – **29.7** se instaló en París. / conoció al poeta Guillaume Apollinaire. / pintó el *Guernica*. / Inventó el cubismo. / se inauguró el Museo Picasso de Barcelona. / realizó más de 20.000 obras. / Falleció en 1973.

30.1 2/diste 3/durmió 4/anduve 5/quisieron 6/estuvo 7/supo 8/sirvió 9/supe 10/dieron 11/hicisteis 12/leyeron 13/fui 14/siguieron 15/anduvimos 16/pusiste 17/pidieron 18/estuvo 19/fuisteis 20/creyeron 21/fue 22/pidieron 23/estuve 24/vinisteis 25/pudo 26/dimos, 27/tuvimos 28/dijo 29/oyó – **30.2** seguí, seguiste, siguió, seguimos, seguisteis, siguieron / elegí, elegiste, eligió, elegimos, elegisteis, eligieron / mentí, mentiste, mintió, mentimos, mentisteis, mintieron – **30.3** pedir, él / murió: morir, él / dijo: decir, él / tuvo: tener, él / pusisteis: poner, vosotros / vinimos: venir, nosotros / leyó: leer, él / quiso: querer, él / oí: oír, yo / disteis: dar, vosotros / vino: venir, él – **30.4** quisisteis, prefirió, leyó, fueron, pudieron, vino, repitieron, diste, hicisteis, tuvimos, durmió, pidió, oísteis. – **30.5** estuve en casa de unos amigos. / pidieron la cuenta al camarero. / hizo mucho frío. / fuisteis a la playa. / sirvieron refrescos a los clientes. / corrigió los ejercicios. **30.6** 2/Esta mañana 3/A las cinco 4/Ayer por la tarde 5/Las vacaciones pasadas 6/Hoy 7/Ayer 8/El sábado pasado